家庭会計論

常秋美作
|著|

ミネルヴァ書房

まえがき

　年末近くともなれば，本屋の店頭に『……家計簿』』と称する家計簿が陳列される。この光景は一種の風物詩であり，我が国特有の文化と言わんばかりである。一旦，家計簿を，日々，記帳し始めると，記帳しなければ，寝付きが悪い人もいるようである。とは言え，「来年こそは！」と意気込んで家計簿を買ったものの，三日坊主に終わる人もいるようであるが，日本人は総じて家計簿好きであり，正に「几帳面」な国民性である。ただ，記帳結果の信憑性や検証性などは問題外のようであり，家計簿を付けること自体に一種の安心感，安堵感があるのかもしれない。

　市販されている家計簿を概観すると，その多くは表式簿記，つまり支払いを「行に日付，列に項目」欄，または「行に項目，列に日付」欄に仕訳記帳する様式である。いわゆる，マトリックスの簿記様式である。また，当該家計簿の仕訳記帳の方法や記録計算の仕組みの説明は収入，支出の項目についての説明に力点を置き，その頁数はわずかである。しかも，市販家計簿の中には何を求めて記録計算しようとして，記帳するのかも曖昧であり，簿記で重要な決算という概念も希薄である。「簿記」ということよりも，お金の支出についての単なる「備忘帳」「メモ帳」に近い。収支簿記，単式簿記といえども，簿記と名の付く限り，これには記録計算の組織的，統一的な手順，ルールがある。

　家計（家庭または世帯）を対象とした簿記や会計についての研究はこれまで皆無であったという訳ではない。例えば，筆者の知る限り，戦後，発刊された単著で言えば，松平友子著の『家計簿記論』（昭和22年9月刊），今井光映著の『家政会計論』（昭和40年4月刊），三代川正秀著の『日本家計簿記史』（平成9年3月刊）などである。もちろん，学会誌論文や家庭経済学，家庭経営学書でも家計簿，家庭会計についての問題が論じられているが，これらは「一家に一つの財布」を大前提とした論述である。しかし，今日，個人主義が浸透し，また夫婦共働きの家庭が多く見られるようになり，家計の「個計化」または「個人

i

化」が進行しているとの指摘がある。このことは「一家に複数の財布の存在」を意味する。

　上記のような事象を踏まえて，第1章で家庭会計の内容，目的を吟味し，これに基づいて，第2章で財産計算，第3章で所得計算，第4章で消費計算，第5章で収支計算について論述する。第6章で「自計式農家経済簿記」を参考にして「単複式家庭簿記」を概説する。なお，序から第4章については本文と間接的に関係する事項を補論として記載する。

令和6年7月

常秋美作

家庭会計論　**目　次**

まえがき

序　章　家庭会計の基本用語

　1　簿記と会計……………………………………………………3

　2　家計簿と家計簿記……………………………………………4

　3　現　金…………………………………………………………6

　4　収入と支出……………………………………………………7

　5　家計，家庭，世帯……………………………………………8

　補論1　国民経済の中の家計…………………………………13

　補論2　「家計簿」の普及……………………………………14

第1章　家庭会計の内容

　1　家庭経済の構造………………………………………………19

　2　家庭会計の特質………………………………………………21

　3　家庭会計の任務と情報………………………………………24

　4　家計の個計化…………………………………………………27

　5　家庭会計の前提………………………………………………32

　要　約……………………………………………………………41

　補論3　「家庭」の法的実体…………………………………46

第2章　財 産 計 算

　1　財産概念………………………………………………………51

　2　正味財産………………………………………………………60

　3　財産計算の方法………………………………………………62

　4　財産収支の計算………………………………………………64

　要　約……………………………………………………………64

　補論4　家族員の法定財産関係………………………………68

iii

第3章　所　得　計　算

1　家庭会計上の所得‥‥‥‥‥‥‥‥‥‥‥‥‥‥‥‥‥‥‥‥‥‥‥‥‥‥‥73

2　非所得性の受入れ‥‥‥‥‥‥‥‥‥‥‥‥‥‥‥‥‥‥‥‥‥‥‥‥‥‥‥74

3　所得勘定の設定‥‥‥‥‥‥‥‥‥‥‥‥‥‥‥‥‥‥‥‥‥‥‥‥‥‥‥‥77

4　所得の計上時点‥‥‥‥‥‥‥‥‥‥‥‥‥‥‥‥‥‥‥‥‥‥‥‥‥‥‥‥80

要　約‥‥‥‥‥‥‥‥‥‥‥‥‥‥‥‥‥‥‥‥‥‥‥‥‥‥‥‥‥‥‥‥‥‥82

補論5　消費型所得概念‥‥‥‥‥‥‥‥‥‥‥‥‥‥‥‥‥‥‥‥‥‥‥‥‥85

補論6　貨幣的所得概念‥‥‥‥‥‥‥‥‥‥‥‥‥‥‥‥‥‥‥‥‥‥‥‥‥85

第4章　消　費　計　算

1　消費の意味‥‥‥‥‥‥‥‥‥‥‥‥‥‥‥‥‥‥‥‥‥‥‥‥‥‥‥‥‥‥91

2　効用概念と消費額‥‥‥‥‥‥‥‥‥‥‥‥‥‥‥‥‥‥‥‥‥‥‥‥‥‥‥96

3　消費勘定の設定‥‥‥‥‥‥‥‥‥‥‥‥‥‥‥‥‥‥‥‥‥‥‥‥‥‥‥‥98

4　消費の計上時点‥‥‥‥‥‥‥‥‥‥‥‥‥‥‥‥‥‥‥‥‥‥‥‥‥‥‥104

要　約‥‥‥‥‥‥‥‥‥‥‥‥‥‥‥‥‥‥‥‥‥‥‥‥‥‥‥‥‥‥‥‥‥113

補論7　欲求充足‥‥‥‥‥‥‥‥‥‥‥‥‥‥‥‥‥‥‥‥‥‥‥‥‥‥‥‥116

補論8　生活費等の計算‥‥‥‥‥‥‥‥‥‥‥‥‥‥‥‥‥‥‥‥‥‥‥‥119

第5章　収　支　計　算

1　収支計算‥‥‥‥‥‥‥‥‥‥‥‥‥‥‥‥‥‥‥‥‥‥‥‥‥‥‥‥‥‥127

2　市販の家計簿‥‥‥‥‥‥‥‥‥‥‥‥‥‥‥‥‥‥‥‥‥‥‥‥‥‥‥‥132

3　「家計調査」上の収支家計簿‥‥‥‥‥‥‥‥‥‥‥‥‥‥‥‥‥‥‥‥‥139

要　約‥‥‥‥‥‥‥‥‥‥‥‥‥‥‥‥‥‥‥‥‥‥‥‥‥‥‥‥‥‥‥‥‥142

第6章　単複式家庭簿記

1　簿記の基本事項‥‥‥‥‥‥‥‥‥‥‥‥‥‥‥‥‥‥‥‥‥‥‥‥‥‥‥147

2　勘定科目の設定‥‥‥‥‥‥‥‥‥‥‥‥‥‥‥‥‥‥‥‥‥‥‥‥‥‥‥150

3　会計帳簿‥‥‥‥‥‥‥‥‥‥‥‥‥‥‥‥‥‥‥‥‥‥‥‥‥‥‥‥‥‥152

4　単複式家庭簿記の手法‥‥‥‥‥‥‥‥‥‥‥‥‥‥‥‥‥‥‥‥‥‥‥154

5　現金収支帳の記帳例‥‥‥‥‥‥‥‥‥‥‥‥‥‥‥‥‥‥‥‥‥‥‥‥164

補論9　冊子体裁の単複式家庭簿記‥‥‥‥‥‥‥‥‥‥‥‥‥‥‥‥‥‥179

索引‥‥‥‥‥‥‥‥‥‥‥‥‥‥‥‥‥‥‥‥‥‥‥‥‥‥‥‥‥‥‥‥‥‥‥181

序　章
家庭会計の基本用語

「家計（家庭）には費用収益，つまり損益概念が存在しないため，その会計はお金の出入りの計算で十分であり，特に研究の対象となるような会計上の問題はほとんどない」とする考え方がある[1]。確かに家庭は経済的には自治会，同好会，同窓会，同級会などの非営利団体と同様に消費活動を中心とする経済体であり，家庭の経営管理は現金（現金概念は後述する）についての収支計算で十分であるとする見解[2]がある。また，買い物の支払いのみを記録計算するだけで事は足りるとする考え方も散見される。しかし，戦後，特に高度経済成長期以降，経済生活や家族観が大きく変化して来た今日，家庭経済について，簿記や会計上，検討すべき課題が生じてきている。例えば，クレジットカードやスマートフォンによる買い物の計上時点をはじめ，買い物ポイントの扱い，海外旅行に伴う外貨両替の扱い，相続・被相続及び受贈・贈与の扱い，棚卸資産と償却資産の扱いなどであり，特に「家計の個別化または個計化」は会計単位をどのように考えるかという会計の根本に関わる問題である。本書はこれらの問題について述べる。なお，本書における「時点」とは会計上の取引として認識する「日付」のことであり，また「取引」とは財産の増減変化をもたらす経済的行為のことである。

　ところで，会計や簿記を論ずる場合，使用する用語の意味，概念を明確にしておく必要がある。同じ用語でも使用する場面によって意味するところが異なる場合がある。通常，学術的，専門的な用語はその意味や概念が定義されて使用されるが，日常会話的な用語は必ずしもそうであるとは限らない。特に問題となるのは同じ用語が学術的にも日常会話的にも使用され，多様な意味合いを含んでいる用語の場合である。例えば，「収入」「月給」「支出」「経費」などは日常会話でしばしば使われる用語でもあり，また簿記会計上の専門的な用語でもある。使い方によっては話者の意図が十分に通じ合わないことがあり得る。そこで，以下，本書でしばしば使用され，かつ多義的な意味合いを持つ用語についてあらかじめ吟味しておきたい。

1 簿記と会計

「お金_{かね}」という用語は通貨ばかりでなく，後述する財産，資産，儲け，経費などを漠然と意味することがある。このような「お金」の記録計算に関係する用語に「簿記」と「会計」という用語がある。日常生活上，「簿記」といえば，それは後述する現金の受入れと支払いを記録する帳簿自体を，また，会計といえば，それは現金を受払いすることや，飲食，買い物の代金を支払うことなどを意味することが多い。時に，この両者は同じ意味で使用されることさえある。しかし，専門用語としての簿記と会計は次のような意味である。

まず，簿記とは経済主体における経済取引を整理し，記録計算する手法または技術のことである。通常，簿記は記録計算の手法の違いから単式簿記と複式簿記とに分けられ，単に簿記といえば，それは複式簿記，つまり，一つの取引を二つの側面から捉えて記録計算し，自己検証機能を持った複式簿記を意味する。これ以外の簿記は単式簿記ということになるが，計算目的によっては複式でなくとも，単式でも事が足りることがある。例えば，記帳目的が小遣い銭を管理することであれば，この目的は現金出納のみの記録計算，つまり単式簿記でも達成される。なお，複式簿記，単式簿記の詳細は第6章で述べる。

次に，会計についてであるが，この用語の古くは岡田誠一によれば，次の通りである。中国の古代国，夏の禹帝が諸侯を会し，戦の功罪を論じて賞罰を計ったことに因み，当初の会計の意味は戦における成績，いわゆる武功，戦功を判断，評価することであったとされる。もちろん，会計の意味は時代とともに変遷して今日に至っている。

今日，会計なる用語はいろいろな日常生活の場面や学問の分野などで使用され，その意味するところは必ずしも一様ではない。通常，単に「会計学」といえば，それは「企業会計」を意味する場合が多いが，この企業会計でさえ，その概念の規定や定義は論ずる観点や立場によって微妙に異なる。ましてや企業会計以外の分野を含めた会計の一般的概念を一義的に定義することは困難である。しかし，敢えて言うならば，会計とは「計算目的に従って一定期間内の経

済事象を貨幣尺度で記録計算し，その結果を報告する一連の過程である」ということになろう。しかも，この報告とは一般には「経済体の責任者が利害関係者に報告すること」であるが，「自己が自己に報告すること」も報告の一つの形態である。たとえ，「小遣い銭帳」「臍繰り帳」といえども，それは一種の会計であり，記録計算の帳簿である。

要するに，簿記とは取引の記録計算の手法であり，一方，会計とは各経済体の計算目的に合致した一連の計算手続きである。この計算手続きの原理，原則の研究が会計論，会計学である。この意味における限り，会計は営利事業体としての企業のみに限定されるものではない。また，簿記は実務であり，会計は論理であると位置付けられることもあるが，この両者は車の両輪のような関係であり，決して独立した関係ではない。正に簿記と会計は「両者密接離るべからざるの関係を有する」のである。[8]

2 家計簿と家計簿記

「家計簿」と「家計簿記」という紛らわしい二つの用語がある。「家計」の意味については後述するが，この両者は異なった意味合いで使われる場合もあれば，同じ意味で，つまり家計簿記の「記」を省略して単に「家計簿」と言っている場合もある。

そもそも，明治初期から中期頃，女子教育のための家政関係の教科書，啓発書のタイトル名や項目名には「家計簿記」「家計記簿」「家事簿記」「家政統計簿」「家内簿記法」「家計簿」という用語が用いられている。[9] 今日の会計学や経済学などの専門用語辞典，用語集では「家計簿記」が，一方，国語辞典では「家計簿」が索引事項，項目である。このことは「家計簿記」は専門的な用語，「家計簿」は日常会話的な用語であるとも言い得る。しかし，問題はこの両者の意味が同じであるのか，違うのかである。西川孝治郎は次の論文でこの両者を使い分けをしている。

すなわち，西川孝治郎は論文『明治前期家計簿記書史考』の中で，引用図書名の箇所を除いて「家計簿記」を14回，「家計簿」を8回使用している。[10] 両者

序　章　家庭会計の基本用語

の代表的な使われ方は以下の通りである。

　　◎「かくて**家計簿記**は簿記の一分科として研究せらるゝ外，家政の一部門と
　　　しても研究せられ，各種の簡便なる金銭出納簿又は**家計簿**が或は単冊とし
　　　て坊間（市中）に販賣せられ，或は各種日記帳類に添付せらるゝに至って
　　　一層普及する事となつた。」

　　◎「之等の書（家政教科書）の中には出納，家事出納計算，家内用帳合等の
　　　題下に**家計簿記**を述べて居る。」

　　◎「今日書店で販賣せらるゝ多くの日記類には大抵現金出納帳が添へられて
　　　あるから，之を**家計簿**に使用する者尠なからずと思ふ。」

　　◎「此當時我国では商法施行運動（商業帳簿規定や商法の制定[11]）に刺激せら
　　　れしものか各所に簿記学校に設けられ講義録等を発行し頗る盛であつたが，
　　　其内には**家計簿記**を教ふるものが尠くなかつた。」

　　◎「今日行はるゝ**家計簿**中には現金出納帳の金額欄を分割して各費目を表は
　　　す様工夫したるものが多いが，此書（石橋多喜郎，松本平太郎共著，家計
　　　簿記學）には初て日記帳金額欄を費目別に分割したるものが見えて居る。」

　　　　　　　　　　　　　　　　　　　　　　　＊（　　　）内は筆者が挿入。

　この論文において「家計簿記」と「家計簿」の意味を明示的に説明された箇
所は見当たらないが，この両者は上記の使用例から次のような意味合いである
ものと推察される。

　まず，「家計簿記は簿記の一分科として研究」「題下に家計簿記を述べて居
る」「家計簿記を教ふる」という記述を見る限り，家計簿記とは簿記の中の一
つの分野としての意味である。言い換えれば，家計簿記は商業簿記，企業簿記，
工業簿記，農業簿記，銀行簿記などと同じ次元，つまり会計の対象となる経済
体の性質の違いによる簿記分類上の用語である。

　次に，家計簿についてであるが，「簡便なる金銭出納簿又は家計簿が或は単
冊として」，「多くの日記類には大抵現金出納帳が添へられてあるから，之を家
計簿に使用する」という記述から，家計簿とは金銭出納に基づいて生活に関わ
る収入，支出を記録計算できる冊子（本）装丁の帳簿自体を意味する用語であ

5

る。つまり，家計簿は経済取引を所定の目的に従って記録計算する手法，方法を論じた簿記書ではないということである。今日でも，生活費，家計費，生計費など（これらの詳細は第4章で述べる）を把握するために市販されている帳簿は金銭出納を基本にした冊子の体裁であり，その書名は「○○家計簿記」ではなく，「○○家計簿」である。しかも，多くの家計簿は収支欄及び項目名がすでに印刷された表式の単式簿記である。なお，「家計簿」という用語が一般化されはじめた時期は明治末頃と考えられる[12]。

したがって，本書では，上記の経緯を踏まえて，記録計算の方法や様式の如何を問わず，家庭という経済体を対象にした簿記のことを「家計簿記または家庭簿記」，このうち，収支または支出のみの記帳を基本とする冊子体裁の表式帳簿のことを「家計簿」と称することにする。もちろん，「家計簿」の中にはパソコン用ソフト，アプリも見られるが，これらも家計簿の一種である。その違いは紙媒体か，電子媒体かである。なお，表式による家計簿については第6章で述べる。

3　現　金

現金の意味には狭義と広義がある。まず，狭義の現金とは法的強制力のある法定通貨（日本銀行券（紙幣）と鋳造貨（補助貨幣））のことである。正に「キャッシュ」である。次に，広義の現金とは法定通貨のみならず，預貯金（ゆうちょ銀行とJAバンクは「貯金」，都市・地方銀行は「預金」と称され，ここではこの両者の総称），小切手，約束手形，郵便為替証書などの換金可能な通貨代用証券を含んだ概念である。通常，企業会計における現金は広義の概念であるが，日常生活において使用される現金は狭義の概念である。家庭生活において預貯金口座を利用しての決済が一般化してきているものの，現金出納式の市販家計簿は帳簿上の残高と「手許または手持ち現金」の有高を照合しながらの記帳方法であり，これは明らかに狭義における現金概念である。そこで，本書においては，特に断りのない限り，現金の意味は狭義である。なお，外国通貨，仮想通貨，暗号通貨などは「通貨」といえども，それはリスクの伴う一

種の投資上の資産であり，わが国の法定通貨という形態の資産ではない。

4 収入と支出

　国民経済は図序 - 1 のように「企業」「家計」「政府」の三つの経済主体から構成され，お金とモノ・サービスはこれらの間で互いに逆方向に流れている。このお金の流れは，企業の会計においては収益としての収入と，費用としての支出，家計の会計においては所得としての収入と消費としての支出，官庁会計においては歳入としての収入と歳出としての支出という形である。収入，支出はすべての経済体に共通することであり，収入，支出を把握することは会計の基本中の基本である。このように収入を収益，所得，歳入の意味で，支出を費用，消費，歳出の意味で使われることがあるが，簿記・会計上の収入とは経済

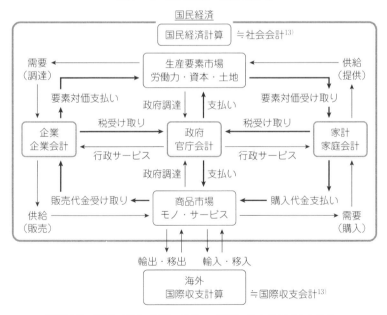

図序 - 1　国民経済の構造と循環

的価値あるものを受け入れること，支出とは経済的価値あるものを払い出すことであり，この意味での収入と支出は企業の「収益と費用」，本書でいう家計の「所得と消費」に必ずしも一致する訳ではない。つまり，収入にして所得とならない収入，支出にして消費とならない支出があるということである。「所得」，「消費」の家庭会計上の概念は第2章，第3章で述べる。

家計を例にすれば，預貯金の引出しや借入金などは現金の「収入」ではあるが，所得ではない。また，現金の預入れや借入金の返済などは「支出」ではあるが，消費ではない。このような収入，支出は財産（負債を含む）間の単なる交換に過ぎない。この種の収入，支出は総務省統計局家計調査上の「実収入以外の受取（繰入金を除く）」「実支出以外の支払（繰越金を除く）」に該当する。

なお，官庁会計における歳入は，原則として一会計年度内における一切の現金収入（税の徴収金，公有地の払下げ金，公債の発行など），他方，歳出は様々な需要を満たすための一切の現金支出（行政サービスの提供，民有地の買い上げ金，公債の償還など）である。

5　家計，家庭，世帯

人は自然発生的な共同体としての一つの集団を作って生活を営んでいる。この集団は夫婦・血縁，衣食住，経営，経済，愛情，制度などの要素を含み，これらのどの要素を軸にして言い表すか，どの要素と組み合わせて言い表すかによって家族，世帯または所帯，家政，家計，家庭，家などと称される。これらの中には同じような意味合いの用語もあるが，特に経済上の問題を議論する場合，「家計」[14]「家庭」「世帯」という用語が多く用いられる。これら三つの意味合いは以下の通りである。

第一に，家計の社会通念上の意味合いとしては「一家の収入と支出」「一家の経済状況」「一家の暮らし向き」などである。また，経済学における「家計」は図序-1のように生産主体としての企業に対する消費主体であり，かつ生産要素の提供主体である。しかも，家計は家族員の集合体であるにもかかわらず，家族員の経済行動を代表する一つの意思決定の単位であると見なされている。

近年，このような「家計」観に対して，個人の意思決定に着目して「個計」という用語が使われることがある。本書では，家計という用語を原則として「一家の財務状況（所得，消費，財産）」の意味で使用する。

第二に，家庭という用語は学校教育（小学校，中学校，高等学校）における普通教科名・分野名の一つであり[15]，日常生活に根ざした用語である。この家庭の基本的な意味合いは人が生活する居住空間，つまり家族を中心にモノ，お金，時間，心，隣り近所などが有機的に関係づけられた多次元の生活空間である。家屋内という限られた空間は身体的には身体の安全を確保し，また心理的には安心感や安堵感などをもたらす。更にこの空間は他人行儀を必要としない空間でもある。このように家庭は物理的には家屋内という閉鎖的な空間であると同時に，心理的には開放的な空間である。つまり，家庭とは生活に関連する一切の要素や事象を包含する一つの多次元的な空間単位である。この空間内における経済的事象を家族経済，家事経済，家計経済，家庭経済，生活経済などと称されることもある。今日では「家庭経済」または「生活経済」がより一般的である[16]。

第三に，世帯という用語は住基法（住民基本台帳法）や生活保護法などで使用されているが，条文上，この用語の明確な規定，定義がなく，曖昧さのある用語である。したがって，この「世帯」という用語を使用する場合は，そこで使用される意味や概念を明確にして置く必要がある。例えば，総務省の家計調査では世帯を「住居及び家計を共にしている人の集まり（学生の単身者を除く）」とし，また同省の国勢調査もこの定義とほぼ同じである。本書においても，家計調査上の定義に準拠し，世帯を「住居及び生計を共にする一つの生活体」とする。なお，税制上，「生計を一にするもの」「同一生計」という表現はあるものの，「世帯」という用語は使われていない。

序章　参考文献・注

1）　田島四郎「第1章　企業会計の内容」『会計学』国元書房，1971年，1～19頁。

2）　杉山学・鈴木豊編著「第Ⅰ部　第2章　非営利組織体の主たる会計目的」『非営利組織体の会計』中央経済社，2002年，13～32頁

　　長谷川哲嘉「非営利会計における収支計算」『早稲田商学436号』2013年，25～35頁。

R. Mattessich, "Chapter 2 Basic Assumptions and Definitions," *Accounting and Analytical Method*, Richard Irwin Inc. Homewood, Illinois, 1964, p. 16.

かつて，非営利組織体は収支計算が基本であったが，この計算だけでは組織体の財務状態が十分理解できない。このため，非営利組織体の会計論が展開され，今日では各非営利組織体に見合った会計基準が制定され，これに従った財務諸表が作成されている。しかし，この非営利組織体の会計論では「家計」の位置付けが明確ではないが，Mattessich は "nonprofit organizations (eventually individual households)" としている。

3） 簿記や会計という用語の他に，勘定，経理（計理）という用語もある。簿記上の「勘定」は計算の単位（詳細は第6章参照）を，日常生活上の「お勘定」は現金の支払いを，また，今日の経理は主に会計の事務処理を意味することが多い。

4） 吉田良三「緒論」『會計學』同文館，1910年，1～4頁。

ルートポート「第2章　江戸時代の帳簿は一家伝来の技術だった⁉」『会計が動かす世界の歴史──なぜ「文字」より先に「簿記」が生まれたのか』KADOKAWA，2019年，109～116頁。

明治末に発行された会計学の著書に「簿記の本領は寧ろ技術的にして……」と説明されている。この「技術的」という説明に違和感がなきにしもあらずであるが，かつて，帳簿に記録することと計算することは別々であったようである。漢数字の筆算は困難であるため，計算には算盤（珠算）を使う技術が必要であった。簿記を技術とする背景にこのことがあったものと考えられる。

5） 単式簿記は複式簿記に対比する用語であるが，通説では単式簿記の一義的な定義はない。したがって，複式簿記以外の簿記はすべて単式簿記ということにもなる。

6） 岡田誠一「概念及び名辭としての會計」『早稲田商學』第4巻第1号，243～286頁，1928年。

古代中国，夏の禹帝が論功評価した場所が後に「会計（稽）」という地名になり，また故事「会計の恥を雪ぐ」の由来も，春秋時代，越の勾践帝が呉の夫差帝に雪辱した戦もこの会計という所での戦であったといわれる。また，「計は會なり（物事を明確にすることは発展，成長につながる）」が会計の語源であるとする説明も見られる。我が国の場合，明治新政府の官制（三職七科または八局）の中に「会計」という所掌が設けられ，この所掌名が「会計」という用語を普及，一般化させた一因であるとも考えられる。

高野澄「第5章　金は人の賜物」『上杉鷹山の指導力』PHP文庫，1998年，147～172頁。

著書の中に「会計一円帳」という表現が見られるが，この時代，「会計」ということばが一般的であったという訳ではない。著者が上杉鷹山の記した「御領知高並御続道一円御元払帳」を分かりやすくするために，今日の「会計」という言葉に置き換えたものと考えられる。

序　章　家庭会計の基本用語

7）　友岡賛「第Ⅰ章　会計の定義と分類を考える」『会計学原理』税務経理協会，2012年，11〜44頁。

8）　4）上掲書，1〜4頁

9）　西川孝治郎「簿記の語源について」『三田商学研究』第7巻第2号，1964年，33〜45頁。
西川孝治郎「文献解題」『日本簿記学生成史』雄松堂，1982年，39〜40頁。
明治初期頃には帳合，統計，記簿，簿記などの用語が混用されていたが，明治20年頃から「簿記」が一般的に使用されるようになったとされる。なお，家計や家政関係の著書でも下記のように区々である。
篠田正作『家計原論　第十四章　記簿（明治15年）』
島田慎二郎『家政統計簿（明治16年）』
尾藤録郎『実地応用家計簿記法（明治20年）』

10）　西川孝治郎「明治前期家計簿記書史考」『会計』Vol.48，No.1，117〜122頁，1941年。

11）　鈴木学「わが国における商業帳簿規定の史的考察」，『経営学論集』Vol.50，No.1，15〜27頁，2010年。
明治のはじめ頃から商法の制定運動があり，明治23年に「商業帳簿規定」が明治32年に商法が制定された。この規定，商法では，当時，営業（店）と家計（奥）が未分離であることが多く，家事費用及び家事用財産も記載する義務があった。しかし，この条項は時の流れに従って漸次形骸化し，昭和49年の商法改正で削除された。

12）　三代川正秀「第3章　学制導入期の家計簿教育」『日本家計簿記史』税務経理協会，1997年，45〜70頁。
明治初期頃，金銭の出入りは石盤と石棒で記録し，これを定期的に紙へ転記していたようである。また同書巻末「資料」に記載されている『女房の夜業』は読売新聞（日就社　明治9年12月18日付）の広告の見出しである。広告概要は「是ハおかみさん方の小遣帳，日記，来客どめ…一日に半紙一枚へ何から何まで書納まる仕方の表にて…（一ヶ月分三十一枚とぢ一冊本日賣出し代價五銭）」である。この頃，まだ「家計簿」という用語はなかったものと考えられるが，羽仁もと子は『家庭之友第一巻四号（明治36年』で「家計簿」という用語を使用している。また，経済学者，福田徳三の『国民経済講話－乾－1917年（大正6年）』の一章で「家計簿によって運用せられ，家政学の教ゆる所を実現するものは家計予算であります」と述べており，家計簿という用語は大正期には定着していたものと考えられる。

13）　今日，国民経済計算や国際収支計算は［会計］ではなく，［経済統計］の範疇に位置付けられることが多い。

14）　武田鏡村「第二部　慶応維新」『薩長史観の正体』東洋経済，2017年，104〜107頁。
坂本龍馬は手紙で「新国家の御家計…」と記し，家計を比喩的に国家財政の意味で

11

使用している。なお，家計という用語は古く，平安中期頃の『本朝文粋』に「……
日往月来家計尽（とうとう家計が尽きた*）」とあり，また家庭（やにわ）も古く，
その意味するところは「人家のある所，あるいは人里」であったが，頻繁に使用さ
れはじめたのは明治の中期以降とされる。＊書下しは長谷川千秋氏（山梨大学教
授）

15) 文部科学省「第2章 家庭分野の目標及び内容」『中学校学習指導要領（平成29
年告示）解説』2017年，62～119頁。
　第二次世界大戦後，学校教育に「家庭」という教科が誕生し，その学習内容や履修方
法は時代と共に変わっているが，平成29年告示の学習目標及び内容は次の通りであ
る。
　なお，中学校は「技術・家庭」という教科の中の家庭分野である。

A 家族・家庭生活	自分の成長と家族・家庭生活，幼児の生活と家族，家族・家庭や地域との関わり，など
B 衣食住の生活	食事の役割中学生の栄養，衣服の選択と手入れ，住居の機能と安全な住まい方，など
C 消費生活と環境	金銭の管理と購入，消費者の権利と責任

　　注) A，B，Cいずれにも「課題と実践」の選択項目があり，3学年間で1以上
　　　を選択。

16) 西垣一郎「第1章 家庭経済学の対象」『家庭経済概論』明文書房，1978年，1
～10頁。

序　章　家庭会計の基本用語

補論 1　国民経済の中の家計

　国民経済におけるお金とモノ・サービスの流れは図序 – 1 に示される通りであるが，今少し，その中味を吟味する。

　企業は利益（利潤）を求めてモノ・サービスを生産し，これを市場に供給する経済主体である。一方，家計は欲求充足を求めてモノ・サービスを市場から購入し，需要する経済主体である。モノ・サービスの究極の使命は直接的，間接的を問わず何らかの形で欲求充足に貢献することである。生産物が単に倉庫に積み上げられているだけでは意味がなく，家計に購入消費され，欲求充足に貢献してはじめて意味があり，欲求充足の場，空間が家計である。すべての人はこの家計に属する。たとえ，某○○○会社の会長，社長といえども，会社に勤務している時は企業人（勤労者，勤務者），自宅に帰れば，家族の一員であり，家計に属する。公務員の場合も同様であり，官公庁で働いているときは公務員，帰宅すれば，家族の一員である。要するに，家計は商品市場から種々のモノ・サービスを購入し，消費する主体である。市販家計簿の多くはこの消費を把握することに重点が置かれている。しかし，家計はこのような消費主体としてばかりでなく，次のような主体でもある。

　すなわち，家計は自己の生産要素（労働力，資本，土地）をその市場に提供する経済主体であり，一方，企業は生産活動に必要な生産要素をその市場から調達する経済主体である。国民経済計算上，生産，分配，支出の各側面は等価であるが，生産要素のうち，フローとしての労働力はそのすべてが家計からの提供であり，ストックとしての資本，土地は，政府の出資分を除けば，これもまた家計からの提供である[1]。つまり，家計に分配された所得はモノ・サービスの購入代金として支出されるだけでなく，租税公課として，また貯蓄としても支出される。通常，家計内部に将来の生活のために蓄えられた貯蓄の支出は主に預貯金や投信などの形で銀行，証券会社，保険会社などの金融機関を通じて企業に提供される。

　ともあれ，家計はマクロ経済的には労働力，資本，土地の供給主体であると

13

同時に，ミクロ経済的には所得と消費というフロー局面と，蓄えというストック局面を持った経済主体である。ただ，単に家計といえば，それはフロー局面を意味することが多い。

補論2　「家計簿」の普及

　日本は「家計簿の普及国である」とよく言われる。年末ともなれば，確かに種々の家計簿やパソコン用の家計簿ソフトが書店で販売されている。この理由には次のような背景があるものと考えられる。

　まず，文部省は明治7～8年に女子師範学校の学科または教科の一つとして簿記（記簿学，記簿法とも言われた）を取り入れた[2]。この当時，妻たる者は質素倹約を旨として家政の任にあたるべしという考え方が一般的であり，このことは夫の収入を一銭たりとも無駄遣いにしてはならないということでもある。当然，家計簿から得られる会計情報が無駄遣いの掌握手段として有効であるということは言うまでもない。このように女子教育の中に簿記を取り入れたことには明治政府の政策的な意図があったものとも推察される。すなわち，質素倹約は貯蓄を生み出し，しかも，この貯蓄は企業投資の財源となり，投資は生産の拡大を導き，この結果，社会全体の経済が活発化し，最終的には国民が豊かになるという富国政策である。この政策は江戸末期の報徳思想（勤倹節約）に類似しているが，経済学的には，ケインズ恒等式の「貯蓄＝投資」である。

　今一つ，家計簿が普及した背景に，明治の中期以降に婦人，主婦の啓発を目的とした雑誌が数多く発行されたことである[3]。例えば，徳富蘇峰の『家庭雑誌』（明治25～31年），羽仁吉一・もと子の『家庭之友』（後に『婦人之友』と改題）（明治37年），などである。特に明治37年発行の『羽仁もと子考案家計簿』は記帳動機に少なからずの影響を与え，また戦後（昭和21年），婦人之友社が「家計簿をつけ通す同盟」の会員を広く募り，会員からの決算報告を平均値化して，これを雑誌に掲載したことも家計簿の記帳普及に貢献したものと考えられる[4]。

　明治期における家庭（家計）簿記の教育には上記のような政策的な背景があ

り，また民間出版社の婦人，主婦に対する啓発的雑誌なども家計簿の普及に少なからずの影響を与え，今日に至っているものと考えられる。[5]

補論　注

1）　企業間（親会社，子会社，孫会社など）の出資もあるが，これは社会全体からすれば，相殺されることになり，結局，企業の資本の原資は家計からの提供である。

2）　文部省飜刻「原序」『馬耳蘇氏＊　記簿法』1875年，1〜7頁。
原序に「記簿法ハ大切ナル學科ニシテ生徒ノ學校ニ在ル間ニハ必ス之ヲ學ハザル可カラズ」とある。＊Chritopher Columbus Marsh

3）　西川祐子「Ｖ　家計簿と主婦日記の創出」『日記をつづるということ』吉川弘文館，2009年，95〜126頁。

4）　3）上掲書，「Ⅷ　日記による戦後再編成」（227〜279頁）。

5）　筆者の経験によれば，米，独，英では日本の「家計簿」に類似した冊子がなきにしもあらずであるが，それは「家計管理」というよりも，むしろ「栄養管理」に重きを置いたメモ帳のようなものである。

第1章

家庭会計の内容

昨今，日常生活において「決済方法の多様化」「家計の個計化」「家族観の変化」「世代間扶養の希薄化」などが見受けられる。このような中，伝統的な会計観，つまり「現金の収支計算」「予算執行上の収支計算」「一家に一つの財布」という家計または家庭に対する会計観を吟味する必要がある。具体的には，家庭経済の構造，家庭会計の特徴，個計化の実態，家庭会計の前提などである。

　なお，1945年以前（戦前）には，家計の簿記論については見られるが，その会計論はほとんど見受けられない。そもそも「会計」という用語が家政学関係の書籍や論文で使用されはじめたのは終戦後のことである。それは松平友子が1949年に「家族経済学提要」の中で『第四篇　家事会計論』というタイトルで使用されたのが嚆矢である。その後，横山光子，戸田正志，三東純子等は「家庭会計」，今井光映は「家政会計」と称し，家庭についての会計を論じている。以下，横山光子，戸田正志，三東純子等の表現に従い，本書では『家庭会計』と称する。

1　家庭経済の構造

　まず，家庭会計の内容を述べる前に，会計の対象となる家庭経済の構造がどのようであるのかを確認しておきたい。

　家庭経済は図1-1に示されるように財産（資産と負債），所得，消費という三つの局面から成り，家庭会計上，これらが基本要素である。この詳細は以下の通りであるが，財産は家庭経済の貯量（ストック）または静態局面，所得と消費は流量（フロー）または動態局面である。しかも，これらの要素は独立的ではなく，次のような関係がある。まず，賃金や利子・配当などの所得は現金や預貯金など口座振込の形で受入れて財産となり，次いで，モノやサービスの消費という形でこの財産の中から支払われる。もしも，所得が消費を上回れば，財産の純増となり，逆に消費が所得を上回れば，資産の取崩し，または借入金によって賄われ，財産の純減となる。この関係は〔所得－消費＝財産純増減〕である。

図1-1　家庭の経済構造

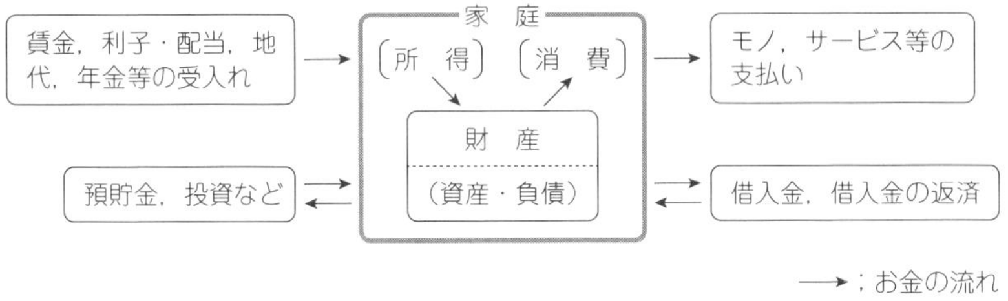

```
賃金，利子・配当，地        家　庭        モノ，サービス等の
代，年金等の受入れ  →  〔所 得〕〔消 費〕  →  支払い

                        財　産
預貯金，投資など  ⇄   （資産・負債）  ←   借入金，借入金の返済
```

⟶：お金の流れ

（1）財　産

　財産の具体的な内容は，現在，所有している現金をはじめ，普通・定期預貯金等，公債，社債，株式，貸付金，家屋，土地，貴金属類などの資産と，住宅ローン，買掛金，未払金などの負債である。これらの保有状況はそれぞれの家庭の間で千差万別であり，資産家，財産家といわれる家庭もあれば，中には債務超過寸前の家庭もあろう。序章でも述べたように，資産の内，金融的な資産の多くは企業に直接間接に提供され，生産要素として機能し，また家屋や土地

などの物的な資産は企業を含めた他者への賃貸のみばかりでなく，その多くは自己の生活のために使用される。黒澤　清は「家計の財産は資本的統一がないから貨幣的表示をもたないのをつねとする」とされるが，資本的統一の組織体のみがその財産を貨幣的に表示可能であり，これ以外の組織体は表示できないという訳でもない[3]。確かに，家庭はそもそも企業会計で用いられる資本で統一された組織体ではなく，人的な結合組織体である。しかし，家庭には金銭が出入りし，また財貨の貯えが存在する組織体でもある。

（2）所　得

　マクロ経済学上の所得とは所定の期間内に生み出された純生産を分配面から見た概念である。すなわち，純生産は生産の三要素（労働力，資本，土地）の協働によって生まれ，これらの提供者にそれぞれ賃金，利子・配当，地代という形で分配される。当然，ミクロ経済学の立場からすれば，各家庭はこれらを所得として受け入れることになる。しかも，これらの所得は上述のように財産の増加を意味する。平たく言えば，所得は財産という「財布」に収まるということである。生産要素の提供の有り様はそれぞれの家庭によって様々である[4]。

（3）消　費

　国民経済計算上の最終需要は家計と政府による消費，及び資本形成と輸出からなるが，家計（家庭）は完成品としての生産物を購入して消費する生活体である。当然，この購入支払いは財産という財布の中からの支払いであり，財産の減少を意味し，上記の所得とは逆の事象である。また，消費の辞書的な意味はモノなどを費やして消滅させこと，あるいは使い尽くすことである。ところが，経済学上の消費にはこのような意味のほかに，そこにはモノ・サービスを購入すると同時にそのもの自体が消滅し，人間の欲求充足に貢献するという大前提がある。時に，負の貢献（不満足）もあり得る。

　以上，家庭経済体の基本的構造は財産，所得，消費の三つの要素から構成され，これらを体系的にいかに理解し，また，これらのうち，何を計算するかが家庭会計としての課題である。家庭はお金が出入りする経済体という意味では

企業などと何ら変わるところがない。しかし，いくつかの点で他の経済体には見られない特質がある。

2　家庭会計の特質

　企業会計にも会計の対象とする産業または業種によってそれぞれの特質があるが，戸田正志は企業会計との比較において家庭会計の特質を次の三点に整理されている[5]。

　　● 利潤を収めることを目的としない

　　● 物質の流動についての計算はなされない

　　● 法律上の義務として認められていない

　この特質のキーワードとしては「利潤の目的」，「物質の流動」，「法律上の義務」である。多くの市販家計簿も念頭にしながら，以下，家庭会計の特質について，今一度，検討する。これらの他「家計の個計化」も家庭会計の特質の一つであるが，これについては第4節で述べることにする。

（1）自発的会計行為

　各家庭が自らの経済活動を帳簿に記録し決算するという一連の会計行為はあくまでも自発的，自主的な行為であり，特殊な場合を除き，何ら法律上の拘束はない。このことは企業会計の分野で言われる制度会計（有価証券取引法，会社法，税法などに基づいて実施される会計）ではないということである。ただし，序章で述べたように，自営業者の家庭における会計については1974（昭和49）年の商法改正まで営業関係と家事関係の会計区分が規定され，制度的には完全に自由であったという訳ではない。

　この「自発的な会計行為」に留意すべきことがある。それは簿記や会計上の基礎的な知識があってはじめて会計行為が可能になるということである。会社の場合，公認会計士，税理士，弁護士などの専門家が法に従って会計事務を担当するが，家庭の場合，専門家に依頼するようなことはない。したがって，学校教育，社会教育，家庭教育などの場で，あるいは独学で簿記や会計の知識を

習得する必要がある。

（2）経済剰余の計算

　企業は生産活動を通じて最大の利潤を追求する組織体である。利潤にはいくつかの概念があるが，企業会計上，この利潤とは当該期における収益（利益）と費用（損失）との差額，利益剰余金（当期純利益）のことであり，通常，企業経営の良否はこの金額の大きさで判断される。一方，家庭は消費活動を通じて最大の満足（効用または欲求充足）を追求する生活集団である。今，所得（実収入）と消費（実支出）との差額を「経済剰余（黒字）」と称するならば，家庭経営の良し悪しはこの経済剰余，つまり経済的な余裕が必ずしも大きければ大きいほど良いということでもない。家庭経営の目的は家族員が最小の消費額で最大限の満足を安定的に得ることである。説明するまでもなく，経済剰余は経済的事象，満足は心理的事象であり，この両者に質的な相違が見られるものの，家庭経営の妙味はこの両者のバランスを計ることにある。市販家計簿のすべてではないが，その多くはその記帳目的が経済剰余を求めることよりも消費，いわゆる家計費，生計費，生活費などと手許現金の有高把握に重きがあるだけであり，家庭経済全体の財務状況を把握することではないようである。

（3）会計の内部報告

　企業は多くの利害関係者と関わった社会的な存在である。したがって，企業は法に従って財務状況（貸借対照表，損益計算書，キャッシュ・フロー計算書など）を利害関係者に，また，関係する諸官庁に報告する義務がある。しかし，上記のように家庭の会計行為はあくまでも自発的であって，家庭は財務状況を外部に報告する義務はない。専ら家庭会計の目的は家庭経営を改善するための内部報告である。

　ただ，所得税の確定申告，地方税の申告に際して，当該年度の収入額，控除額（雑損，医療費，各種の保険料など）を計算し，課税所得額を計算する必要がある。これは広義には外部報告である。また，家庭会計は上記のように個人の自発的な行為であるが，公的機関や各種団体などによる個別家庭経済の実態

調査がある。例えば，総務省統計局は統計法に基づいて「家計調査」を実施している。この調査目的は「国民生活における家計収支の実態を把握し，国の経済政策・社会政策の立案のための基礎資料を提供すること」であるが，調査結果は統計数値として公表され，行政，大学，研究所，企業などの諸機関で幅広く利用され，この調査の社会に対する影響力は大である[7]。この公表は調査対象となった各家庭（世帯）にとっては間接的な外部報告であるとも考えられる。

（4）予算の管理

　企業においても家庭においても，取引の事実に基づいた事後計算ばかりでなく，事前計算，つまり予算を編成し予算と実績との比較は経営管理にとって重要である。市販の予算家計簿には衣食住などの生活費関連の支出についてのみの予算簿と，これに預貯金等の貯え予算を加えた予算簿もある。予算期間は週間，月間，年間などである。しかも，この帳簿の残高は手許現金の有高ではなく，予算額と執行額との差額，つまり超過執行額または未執行額であり，支出管理に重点を置いた家計簿である。ただ，この種の家計簿には勤労者家庭が想定され，収入（給与）は与件的かつ安定的であるという暗黙の前提がある。このため，ほとんどの場合，収入についての予算編成はない。これも家庭会計の特質の一つである。しかし，昨今の働き方，賃金体系を鑑みれば，収入が必ずしも安定的であるとは限らない。

（5）簡略的な決算手続き

　会計上の決算手続きとは会計期間中の外部取引，内部取引を記録した帳簿に基づいて期末の財産状態及び期中の経営成果を開示することである。企業の場合，日々の取引記録から決算までの手続きは複式簿記による手法であり，このことにより計算結果の信憑性が確保される。一方，多くの市販家計簿の決算手続きは曖昧にして不完全であることが多い。すなわち，日々の取引は現金出納を基本にして記帳され，記帳結果は週単位，月単位，年単位で集計されるだけであり，財産有高の計算は省略または簡略化されている。今日，生活費の支払いは必ずしも手許現金ばかりではなく，預貯金口座からの支払いもあり，記帳

漏れに気付かずに集計している可能性がある。

（6）家庭の存続，非存続

　家庭は資本的結合体（法人）ではなく，家族という人間関係で結ばれた人的結合体（自然人）である。このため，一つの家庭を想定すれば，時の流れとともに家族員の年齢構成，就業状況などは，常々，変化し，家庭経済の内部は決して固定的ではない。例えば，結婚当初は片働きの家庭であっても後に共働き家庭に，逆に共働き家庭であっても子の誕生によって片働き家庭に変わることもある。さらに，ここで重要なことは家庭自体の存続である。家長家族制の場合，世代交代は一つの家庭内で引き継がれるため，家長が死亡，隠居しても家庭（家）自体は存続する仕組みである。このことは社長が交代しても会社自体が存続するのと同じである。ところが，核家族の場合，子は成長し新たな家庭を作り，親の家庭はいずれ消滅し存続しないことになる。親の家庭の財産は原則として相続，贈与という形で子の家庭へ引き継がれる。世の中には多様な家族形態の家庭が存在するが，家庭会計の場合，家庭の消滅または非存続ということも想定しなければならない。これも家庭会計の特質の一つである。

3　家庭会計の任務と情報

　これまでに「家庭会計」という用語を数回にわたって使用してきたが，そもそも家庭会計の任務，または目的とは何か，また家庭の経済管理に有効な会計情報とは何かという問題がある。

（1）会計の任務

　家庭は図1-1に示されるように財産を保有し，所得を受け入れ，モノ・サービスを購入消費する経済体である。その経営目的は家族員の欲求をいかにして長期間にわたって安定的に充足させるかである。この目的を達成するためには家庭経済の状況を示す数値情報が重要である。したがって，家庭会計の任務はこれらを計算し，その結果を開示することである。当然，この任務を達成

第1章　家庭会計の内容

するためには，日々の経済活動から生ずる諸々の取引を順序よく網羅的に記録
計算する簿記が前提となる。序章でも述べたように，会計と簿記は車の両輪の
ような関係であり，決して独立した関係ではない。時に簿記と会計を合わせて
「簿記会計」と称されることがある。

（2）会 計 情 報

　企業は，制度上，財務状況を外部の利害関係者等に報告する義務があり，ま
た，経営管理上，この他に原価計算，予算統制，資金運用なども会計情報とし
て内部に報告される。家庭の場合，外部への報告義務はないが，健全な家庭経
営のためには会計情報を得る必要がある。

① 財 産 計 算

　通常，多くの家庭は宵越しの金を持たない，その日暮らしをしている訳では
なく，明日，明後日，つまり将来の生活のために何らかの形で財産を保有して
いる。財産計算とはある時点における財産（負債を含む）の有高を計算するこ
とであるが，この計算はややもすれば軽んじられる傾向にある。しかし，この
計算は健全な家庭経営にとって重要である。財産の中でも特に金融的な資産額
や長期にわたる住宅ローン，教育ローンなどの負債額を把握することは無理の
ない資金繰り計画や老後資金の貯え計画にとって必要不可欠である。これを怠
れば，自己破産に陥る可能性がある。更には「年金暮らし」ともなれば，財産
状態の定期的な把握は必須である。なお，企業の財産状態は「貸借対照表」に
記載されるが，本書ではこれに相当する表を「財産表」と称する。その詳細は
第2章で述べる。

② 費 得 計 算

　会計上，期間内の経営成果の計算をどのように言い表すか。それには次の二
通りがある。その一つは「損失と利益の計算」または「損益計算」，その二つ
は手許現金，普通預貯金についての「収入と支出の計算」または「収支計算」
である。例外はあるものの，通常，前者は営利組織体で，後者は非営利組織体

で使用される。この両者の違いは組織体に利益を追求する資本概念があるか否かである。家庭は非営利組織体であり，そこには資本概念がなく，儲けの概念も存在しない。このため，家庭経営の成果計算は，通常，「損益計算」ではなく，「収支計算」と称されることがある。ただし，広義の収支計算には財産の単なる交換に過ぎない取引の計算も含まれ，この種の取引による収入，支出は給与や利子などによる収入，食料品，衣料品などの購入による支出とはその性質がまったく異なる。総務省の家計調査では経営成果としての収支，交換取引による収支はそれぞれ「実収入，実支出」「実収入以外の受取（収入），実支出以外の支払（支出）」と定義されている。そこで，本書では，正味財産の増減を伴うような収入，支出を「所得」「消費」とし，消費の「費」と所得の「得」を組み合わせて「費得計算」と称することにする。「消費」「所得」「正味財産」の概念については後章で述べる。

③ 物 量 計 算

　会計は貨幣会計（monetary accounting）と非貨幣会計（non-monetary accounting）とに分けられることがある。文字通り，前者は貨幣単位で，後者は物量単位で記録計算することであるが，経営管理上，物量記録を要することがある。例えば，企業の場合，原価または生産コストを計算するためには必ず物量記録が必要である。家庭も同様に，例えば，電気，ガス，灯油などの使用量を把握する「環境家計簿」を記帳する場合である。これらの使用量は二酸化炭素 CO_2 の排出量に換算されるが，この記帳目的は各家庭が地球温暖化を自覚し，これらを節約することである。このことはある意味において家庭の社会的責任，すなわち，企業における CSR（Corporate Social Responsibility）会計の家庭版である[8]。また，食べ物の消費量の記録も重要である。効果的な健康管理のためには，カロリー摂取量や四大栄養素バランスなどの物量把握が必要である。この点を踏まえて「料理」や「栄養」という用語を付した家計簿も市販されている[9]。ともあれ，財務会計は経済的価値の変化とその事由の記録が基本となるが，広義の管理会計は物量の記録がなければ成立しないと言っても過言ではない。

　以上，家庭会計の目的と会計情報について述べて来たが，その要点は次の通

りである。第一に家庭会計の目的は健全な家庭経営に必要な会計情報を提供することである。第二に財産計算については言うに及ばず，手許現金の収支計算ばかりでなく，本書でいう「費得計算」も必要である。第三に地球環境や健康管理などを考慮するならば，光熱源や食料品についてはその使用量または購入量の記録も必要である。

4　家計の個計化

　一家に所得者（所得を得る者）が複数人いる家庭，例えば，夫婦共働きの家庭，親子共々働いている家庭，夫婦共々年金暮らしの家庭などである。このような家庭の経済管理には主に次の二つの方法がある。その一つは各所得者の所得は「一家全員のもの」あるいは「一家に一つの財布」という考え方を基本に家計（家庭経済の財務）を統括的，一元的に管理する方法であり，かつて家制度下において一般に見られた方法である。その二つは各所得者の所得は「所得者自身のもの」という考え方を基本に一つの家計を分割的，多元的に管理する方法，つまり各所得者は自分の所得の中から家族共通の生活費を出し合い，残りの所得を原則として自己裁量とする方法である。後者の家計管理の方法は「家計の個別化」，「家計の個人化」「家計の個計化」などと呼ばれている。この「個別化」「個人化」「個計化」には多少の意味の違いが見られることがあるが，以下，これらを「家計の個計化」と称し，その社会的背景と実態について検討する。

（1）個計化の社会的背景
　戦前の家長家族は，戦後，新憲法の「家族生活における個人の尊厳と両性の本質的平等」の浸透や1955年代（昭和30年代）以降の高度経済成長などによって核家族化したと言っても過いではない。ただ，憲法上，「両性の本質的平等（男女平等）」といえども，まだ，この頃の核家族化は「男は仕事，女は家庭」という性別役割を基本とした家族観である。この性別役割は夫が所得を稼ぎ，妻がこの所得で家計を遣り繰りすることを意味し，会計的には「一家に一つの

財布」,「家計の一元的管理」が成立する。総務省の家計調査における「世帯」も「一家に一つの財布」が暗黙の前提となっていよう。また,戦前の「家制度」の場合,妻は家族の生活費として夫の給与の一部を預かり,これを遣り繰りしての生活であったであろう[10]。この預かり金は妻の完全な自由裁量ではないため,基本的には「一家に一つの財布」である。

　ところが,経済が高度成長から安定成長に移行する頃になると,農村部,都市部を問わず,女性の社会進出が高まり,労働雇用に関わる法律が改正,制定された。具体的には女子差別撤廃条約の批准を機に,「勤労婦人福祉法(1972 (昭和47)年制定)」が1985 (昭和60)年に「男女雇用機会均等法」と改められ,また「育児・介護休業法」が1995年(平成3)年に,「男女共同参画社会基本法」が1999年(平成11)年に制定されたことである。これらの法整備は女性の社会進出を一層促すとともに,これまでの「男は仕事,女は家庭」という考え方を後退させ,核家族かつ夫婦共働きの家庭を増加させた背景でもある。2015 (平成27)年度の国勢調査によれば,共働きの勤労者世帯は1,007万世帯であり,夫婦のいる2,750万世帯の36.6%にも達している[11]。

　要するに,戦後における男女平等意識の浸透,家長家族の核家族化,経済成長に伴う雇用拡大,女性の社会進出,雇用に関わる法の整備,等々が相互に作用しながら,家計の個計化は促されたものと考えられる。また,女性の社会進出は「女性の経済的自立意識」の高揚につながり,家計の個計化に少なからずの影響を与えたものと考えられる。加えて,給与の銀行口座振込,キャッシュカード,クレジットカードなどの登録は個人名であり,その普及は給与の個人帰属意識を高め,これまた,家計の個計化を促している背景の一つである。今日,夫婦は互いに相手の預貯金額,給与額を何となく知っている程度の家庭も少なくないようである。今後,このような家庭がさらに増加するものと推測される。

（2）家計の個計化の実態

　総務省統計局の「家計の個別化の実態に関するアンケートの結果について」によれば,家計の個計化の実態は次のようである[12]。この調査は「家計簿の記入

者」や「世帯全体の収入，支出総額の把握状況の程度」などについての質問もあるが，家計の個計化に直接関わる質問及びその回答の選択肢（5肢択一式）は以下の通りである。なお，以下においては，この調査上で使用されている用語で記述する。つまり，所得を「収入」，家庭を「世帯」，また表中の「繰り入れなし」を「繰入なし」と表記する。

質問「Q5 あなたやあなたのご家族は収入を家計にどの程度繰り入れていましたか。」
回答の選択肢　　　　　　　　　　　　　　　　　　　「表」における略記
　「収入のすべてを家計に繰り入れていた」　　　　　全部
　「収入の一部を家計に繰り入れていた」　　　　　　一部
　「収入は一切家計に繰り入れていなかった」　　　　繰入なし
　「収入をどの程度繰り入れていたか分からない」　　その他
　「収入はなかった」

---

① 片働き世帯（夫婦のみ又は夫婦と未就業の子からなる家族）

表1-1　片働き世帯

	就業者		合計
	夫	妻	
全額	245（79.8）	2（0.7）	247（80.5）
一部	52（16.9）	1（0.3）	53（17.2）
繰入なし	3（1.0）	－	3（1.0）
その他	4（1.3）	－	4（1.3）
合計	304（99.0）	3（1.0）	307（100）

＊調査実数：307戸，（　）内：％，
＊世帯タイプA，Cより作成

　表1-1は夫婦のみまたは夫婦と未就業の子からなる世帯で，かつ夫婦いずれかが就業する片働きの世帯における収入の家計への繰り入れタイプを示した表である。これによれば，専業主婦の世帯が99％と圧倒的に多いが，収入の「全額」を家計に繰り入れた世帯は80.5％であり，一方，「一部」とする世帯は夫の場合で16.9％である。この「一部」とする世帯の場合，収入の一部は家計に繰り入れられるが，残りの収入は自己管理，自己裁量となる。この場合，確かに「一家に二つの財布」という意味においては「家計の個計化」である。し

かし，片働き世帯の場合，所得者が一家に一人であるため，通常，家計の個計化とは言われない。

② 共働き世帯（夫婦のみの家族）

　表1-2は夫婦のみからなる共働き世帯の家計管理のタイプである。これによれば，全調査世帯の約3分の1は一元的な家計管理である。すなわち，夫婦共に収入の全額を家計に繰り入れている世帯は33.0％である。一方，夫が全額，妻が一部とする世帯は21.0％であるが，互いに一部を出し合う世帯は24.5％である。このような世帯の家計は個計化しているものと考えられる。

表1-2　共働き世帯（夫婦のみの家族）

		妻				合計
		全額	一部	繰入なし	その他	
夫	全額	66(33.0)	42(21.0)	12(6.0)	6(3.0)	126(63.0)
	一部	6(3.0)	49(24.5)	8(4.0)	4(2.0)	67(33.2)
	繰入なし	1(0.5)	—	1(0.5)	1(0.5)	3(1.5)
	その他	1(0.5)	2 (1.0)	—	1(0.5)	4(2.0)
合計		74(37.0)	93(46.5)	21(10.5)	12(6.0)	200(100)

　＊調査実数：200戸，（　）内：％　　＊世帯タイプ別内訳Bより作成

　なお，この共働きの世帯の中には子が独立し，巣立ちした後の現役の世帯ばかりでなく，ディンクス（DINKs：Double Income No Kids；意図的に子どもの出産を望まない共働きの世帯）の世帯も含まれているものと考えられる。ディンクスの世帯は特に夫婦間での金銭分離の傾向が際立っており，個計化の傾向が強いと言われている。[13)]

③ 共働き世帯（夫婦と未就業の子からなる家族）

　上記の表1-2は夫婦のみの共働き世帯であるが，表1-3は夫婦と未就業の子からなる世帯である。乳幼児であれ，大学生であれ，未就業の子の存在は家計管理の在り方への影響を示唆している。すなわち，夫婦共に全額を繰り入れたとする世帯は46.2％であり，夫婦のみの世帯よりも13.2ポイント高い。これに対して夫婦互いに一部ずつ繰り入れたとする世帯は7.5％であり，逆に夫婦

のみの世帯よりも17.0ポイント低い。また，夫が全額とする世帯は82.8％，妻が全額とする世帯は51.6％であり，夫婦のみの世帯よりも夫で19.8ポイント，妻で14.6ポイント，それぞれ高くなっている。このように，同じ共働きといっても夫婦のみの世帯と未就業の子からなる世帯とでは家計管理の仕方が異なり，個別的な家計管理は前者の世帯に，一元的な家計管理は後者の世帯に多いと言えよう。

表1-3　共働き世帯（夫婦と未就業の子からなる家族）

		妻				合計
		全額	一部	繰入なし	その他	
夫	全額	43(46.2)	18(19.4)	6(6.5)	10(10.7)	77(82.8)
	一部	1(1.1)	7(7.5)	2(2.1)	1(1.1)	11(11.8)
	繰入なし	1(1.1)	－	－	－	1(1.1)
	その他	3(3.2)	－	－	1(1.1)	4(4.3)
	合計	48(51.6)	25(26.9)	8 (8.6)	12(12.9)	93(100)

＊調査実数：93戸，（　）内：％　　　＊世帯タイプCより作成

④　二世代世帯（両親及び一人以上の子が就業する家族）

　表1-4は父（夫），母（妻）及び一人以上の子が就業する世帯，つまり三人以上の家族員が就業している世帯についての家計管理のタイプを示した表である。この表によれば，就業者全員が給与の全額を繰り入れたとする一元的な家計管理の世帯はわずか3.1％であり，残る96.9％の世帯は，程度の差はあるものの，個別的な管理であるものと考えられる。

　ただ，ここで留意するべきは次の点である。第一点は父（夫）で給与の全額を繰り入れたとする世帯が全体の71.3％を占めている点である。これは先の表1-3に示された傾向と同様であり，子が成長し就業しても，これまでの家計管理の習慣が継続されていることを示唆している。第二点は子が自分の給与を繰り入れしなかった世帯が29.9％に及んでいる点であり，俗に言う「子のただ飯食い」である。

　以上，総務省統計局の「家計の個別化の実態に関するアンケートの結果について」に基づいて，家計の個計化を検討してきた。この調査は飽くまでも「公

表1-4　父，母，子が就業する世帯

父 （夫）	母 （妻）	子				合計
		全額	一部	繰入なし	その他	
全額	全額 一部 繰入なし その他	3(3.1) — — —	19(19.6) 17(17.6) 3(3.1) 4(4.1)	8(8.3) 7(7.2) 5(5.2) 1(1.0)	— — — 2(2.1)	30(31.0) 24(24.8) 8(8.3) 7(7.2)	71.3%
一部	全額 一部 繰入なし その他	— — — —	1(1.0) 10(10.3) 1(1.0) 1(1.0)	2(2.1) 4(4.1) 1(1.0) —	— 1(1.0) — 2(2.1)	3(3.1) 15(15.4) 2(2.0) 3(3.1)	23.6%
繰入なし		該当なし					
その他	全額 一部 繰入なし その他	— — — —	— — — 2(2.1)	— 1(1.0) — —	1(1.0) 1(1.0) — —	1(1.0) 2(2.0) — 2(2.1)	5.10%
合計		3(3.1)	58(59.8)	29(29.9)	7(7.2)	97(100)	

＊調査実数；97戸，（　）内；%　　＊世帯タイプＤより作成

的統計の整備に関する基本的な計画」を検討するためのものであるが，少なくとも親子が同居し，かつ，子が就業している世帯において，家計の個計化が進行しているものと考えられる。なお，この調査の場合，就業している子が独身者であるのか，結婚しているのかは不明である。もし，独身者であれば，いずれ結婚して独立することになり，会計上，親世帯と子世帯は完全に分離独立した経済主体となることは言うまでもない。

5　家庭会計の前提

　会計学は「測定の学問」とも言われることがある。[14] 確かに測定は測るべき対象，手段，尺度，規則が前提されてはじめて可能である。もし，これらが曖昧であれば，測定結果の信頼性，信憑性は大きく損なわれる。会計上の前提は「会計公準」とも称され，[15] 会計理論を演繹展開するための基本である。企業会計における会計公準は様々な観点から論じられ，論者によって言い方は多少異

なるものの，それは「企業実体」「貨幣価値の不変」「継続企業」の三つの公準である。[16]

　では，家庭会計の場合，会計公準についての扱いはどのようであろうか。家庭管理や家庭会計に関わる著述の中で，「会計公準」という用語を直接使用した記述は見受けられない。しかし，内容的には会計公準であると考えられる論述がない訳ではない。例えば，今井光映は『家政会計論』で会計の主体について論じ，[17] 平井潔は家庭会計の概念規定の中で「貨幣価値を尺度とする金額表示」としている。[18] また，目木康夫は「今日の簿記・会計においては，未だ消費経済会計は残念ながら確立されていない」と指摘している。[19]

　ともあれ，家庭会計の分野では，慣行上，「一家に一つの財布」「現金等価交換」という前提のもとでの収支計算または実収支計算である。しかし，家庭を取り巻く経済環境や家族観などは上記のように変化している昨今，このような前提に問題がなきにしもあらず，である。以下，家庭における会計の前提について検討する。

（1）会計単位

　「会計単位」は一つの組織体における部署や特定の経済事項を会計の対象とする単位を意味することがある。例えば，会社においては，本店，支店，事業所，営業所など，また家庭においては，現金収支，預貯金収支，教育費，生活費などを一つの会計単位とする場合である。

　ところが，会計公準における「会計単位」とは会計の対象となる組織体を意味する。このため「会計単位」は「会計実体」とも称されるが，企業における会計単位は企業という組織体であり，しかも，企業は家庭に属している資本の所有者から完全に分離独立した存在であるという前提がある。これを裏返して言えば，家庭もまた企業から完全に分離独立した存在であり，いわゆる店（営業）と奥（家計）の分離である。さらに，企業も家庭もその経済管理の前提は「一つの財布」である。企業については言うに及ばず，一人暮らしの家庭の場合，その会計単位は本人の財布そのものであり，これ以上でもこれ以下でもなく，この前提は必ず成立する。しかし，一家に二人以上の家族員が何らかの所

得を受け入れ，かつ個計化した家庭の場合，この前提は成立しない。現実には主婦専業の家庭ばかりでなく，夫婦共働きや親子共々所得を得ている家庭もある。ここに，会計単位の設定問題が生じる。

　そもそも家庭という組織体は序章でも述べたように家族員の絆で結ばれた生活体の概念であって，法的な根拠はない。法律上の権利・義務の主体は出生から死に至る自然人（個人）であり，家庭ではない。したがって，法的な意味での会計単位は家庭ではなく，家庭を構成する個々の家族員であり，一つの家庭内には所得を得ている家族の人数分だけの会計単位が存在することになる。

　とは言え，家庭内における各稼得者の経済行動，活動は完全な自由裁量ではなく，家庭は無秩序，無計画に経営されている訳ではない。通常，家庭には同居する家族員の間で我が家の経済管理について何らかの暗黙の了解があり，これに従って金銭が出入りし，また財産も管理されているはずである。この了解は言わば「我が家の掟」のようなものである。ただ，ここで問題となる点は家族間でどのような経済管理の仕方を了解するかである。了解の仕方は各家庭によって様々であろうが，その主なタイプは一元的経済管理と個計的経済管理が想定され，会計単位はこの経済管理の仕方に応じて設定される必要がある。

　もちろん，家庭の状況は先にも述べたように変化する。もし，会計の基本に影響するような家族の変化，例えば，夫婦共働きが片働きになったり，子が同居しながら就業するようになった場合，これまでの了解事項を検討し，会計単位を見直す必要がある。つまり，時の流れに従って会計単位が一つになることもあれば，複数になることもある。

① 一元的経済管理

　一元的経済管理とは民法上の夫婦財産制や扶養義務などの問題はどのようであれ，家族の中に何人が所得を得ていようとも，また財産（資産，負債）の名義人が誰であろうと，家族員のそれぞれの財産，所得，消費（生活費）を一元化して一家の経済を管理する方法である。この場合，会計上，家庭は一つの経済体であると擬制し，これが会計単位となる。端的に言えば，「一家に一つの財布」で一家全体の経済を管理することである。[20] 当然，この場合の会計目的は

家庭全体の財務状況を把握し，もって一家の経済管理に資することである。このような設定例として，今井光映が説く『家政会計論』，松平友子が私案とする『家計簿記論』，多くの市販『家計簿』などを挙げることができる[21]。これらは夫婦と未就業の子からなる核家族であり，かつ専業主婦の家庭が想定されている。しかし，現実には必ずしもそうではなく，子（未婚）が就業している家庭もあれば，三世代からなる家庭もある。

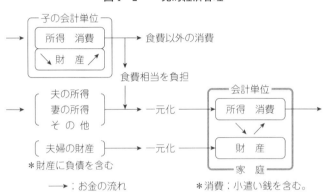

図1-2　一元的経済管理

図1-2の家庭は夫，妻，二人の子（第二子は就学中）から構成され，就業者は夫，妻，第一子の三人である。家族周期としては親子同居期である。この家庭の会計は夫，妻の特有・共有財産，所得（第一子からの食費代相当の繰入れ金を含む），消費を一元化し，もって一家の財務状況を把握しようとするモデルである。ただし，この家庭には「子の会計単位」も存在し，厳密には完全な一元管理ではない。

② 個計的経済管理

家族には，経済上，その包括性が見られるが[22]，一方で，家族員の独立性も見られる。独立性を重視した管理方法を個計的経済管理と称するならば，これは民法上の「親族間の扶け合い」「夫婦財産制」「法定財産制」などを重視し，「個人」を基本にした経済管理の方法である。この場合の会計目的は家族共通の消費を把握することである。これには次の二つ方法が考えられる。

その一つは次の通りである。① 家族共通の会計単位を設定し，各所得者は自己の所得からこの会計単位に家族共通の消費分として，事前に約束した金額を互いに繰入れ合う。② この繰入金を家族の共通財産とし，この財産から家族共通の消費（生活費）を支払う。この繰入金が不足する場合は家族内の誰かの会計単位から借入れ，また剰余ある場合は家族共通の財産として貯える。③ 家族共通の消費負担分控除後の所得の使い方と自己固有の消費は自己の裁量とする。これは家族の共通消費分を所得者各自の所得の中からお互いに負担し合う「金額分担方式」とも言うべき方法である。この会計の主目的は家族共通の消費分を把握することである。

図1-3　個計的経済管理（金額分担方式）

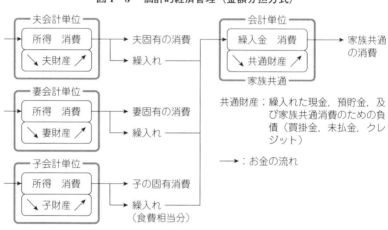

図1-3は上記の金額分担方式を図化した会計モデルの例であるが，この場合，家庭内に四つの会計単位が存在することになり，一家としての会計単位は図に示される「家族共通」という会計単位である。

その二つは，各所得者は家族共通の消費を「金額」ではなく，「費目または項目別」に分担する方法である。例えば，あらかじめ，夫は住居費，水道光熱，交通通信，租税（住民税，固定資産税など），妻は食料費，衣服費，雑貨費，健康衛生費，子の教育養育費，交通通信などを分担することとし，夫，妻は原則として自分が分担する費目を管理する方法である。これは上記の「金額分

担」に対して「費目別分担」とでも言うべき方式である。この場合，家庭全体としての会計単位は存在せず，家族共通の消費分は各所得者の会計単位に包含されることになる。家族共通の全消費を把握するためには，各所得者が分担した家族共通の消費分を集計しなければならない。

図1-4は上記の家庭で，費目別分担方式の会計モデルである。この方式の場合，夫，妻，第一子の会計の各目的は自分の財産（資産，負債），及び自分の分担すべき費目のみを管理することであり，当然，家庭全体としての財務状況を把握することではない。つまり「家族共通の消費」の管理問題は自分が分担する費目のみであり，不完全な管理手法である。

図1-4　個計的経済管理（費目別分担方式）

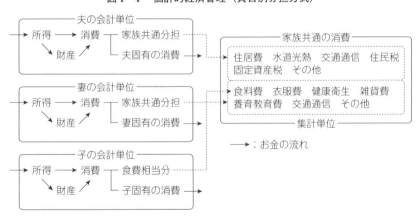

ともあれ，個計的経済管理は経済が成長し，個人主義や男女共同参画（夫婦共働き）が発達した社会で成立する方法である。この場合，各所得者の会計単位が一つの家庭の中に存在することになるが，家族の誰かが経済的に困った時は家族の間で互いに扶け合うという経済的包括性が大前提である。また，個計的経済管理でも家庭全体としての大凡の消費を把握することは不可能ではないが，家庭全体としての財産状況の把握は困難である。

以上，家庭の会計単位について述べてきたが，家庭という生活空間の内実は時の流れと伴に変化する。例えば，家族員数，片働きから夫婦共働きへ，子の

就学，子の独立などの変化である。したがって，これまでの会計上の了解事項はこの変化に併せて変更しなければならない。変更の内容によっては，一元的経済管理であれ，個計的経済管理であれ，家庭内の会計単位について見直す必要性がある。なお，帳簿の記帳者は一元的経済管理の場合は夫，妻のいずれかである。完全な個計的経済管理の場合は会計単位ごとにそれぞれ夫，妻，子（親と同居し，かつ就業）であるが，個計的経済管理の内，金額分担方式場合は家族共通の会計単位ついては夫，妻，子のいずれかである。費目別分担方式の場合は日々の記帳は各消費の担当者であり，家族共通の消費の集計は夫，妻，子のいずれかである。

（2）会計期間

　ヨーロッパにおける大航海時代（15世紀半〜17世紀半）の商業活動は一般的に「一航海一事業（A voyage is an enterprise）」が原則であり，航海が終わると事業のすべてを精算し，事業は解散される。[23]このような事業活動においては償却資産や棚卸資産などの会計上の概念は生じ得ない。ところが，時代が進行するに従い，事業は解散されずに継続されることが多くなり，解散を待っての決算，つまり利益（儲け）計算に不都合が生じる。ここに，事業ないしは企業の継続性を前提として，会計期間を設定するという考え方が誕生することになる。つまり，経済活動が継続する限り，どこかで時の流れに区切りを付けなければ，決算は不可能である。家庭といえどもこの例外ではない。この意味において，後章で述べる費得計算，及び収支計算は期間計算である。

　では，家庭会計における「継続性」とは何か。それは次の二つの意味に理解することができる。

　その一つは未来永劫という意味での継続性である。企業の場合，この意味での継続性（going concern）が前提となっている。家庭についてもこの意味がなきにしもあらずである。例えば，明治民法下の家督相続制度における「家」概念である。相続は原則として一子（通常，嫡出子長男）が統率者としての戸主の地位と財産を受け継ぐ制度であり，この制度は「家」を中心とした世代間の継承である。たとえ，戸主が変わろうとも「家」に帰属する財産は新たな戸主

に引き継がれる仕組みである。今，「家」イコール「家庭」とするならば，家督相続制度下の家庭は後継者が存在する限り，未来永劫に続くことになる。このことは社長が交代しても，会社が存続することと同じである。

その二つはある期間内という条件付きの継続性である。今日，一般的な家族形態は「核家族」であり，その存続期間は一代限りである。つまり，家庭は終身婚を大前提とした婚姻にはじまり，いずれ夫婦の死によって消滅する宿命にある。夫婦の財産は贈与，被相続よって子に継承されるが，組織上，親の家庭と子の家庭は別々である。つまり，家庭は「婚姻期間中」という条件下での継続性である。

家長家族制の家庭は未来永劫という意味での継続性であり，核家族制の家庭は婚姻期間中という条件付きの継続性である。いずれにしても，家庭が継続する限り，会計期間の設定が必要である。会計期間は原理的には秒単位から数年単位まで様々に設定することが可能である。通常，企業会計における会計期間の設定は1月1日（期首）から12月31日（期末）とする1年間である。家庭会計の場合も日常生活の周期性や所得税の確定申告時期などを考慮すれば，「正月から暮れまで」の設定が好都合である。もちろん，家庭会計の場合，この期間にこだわる必要性は必ずしもない。仮に，秋期の卒業，入学，入社などともなれば，国民の生活行動様式やリズムが変わり，これに合わせた会計期間の設定，例えば，10月1日〜翌9月30日を会計期間としてもそれなりの合理性がある。また，近年，3年間連続して記録できる家計簿も市販され，3年周期の生活リズムを重要視し，会計期間を3年とすることも可能である。[24]

なお，「生涯収支計算」「生涯所得計算」という考え方がある。これは事後計算ではなく，一生涯という一つの会計期間を想定した事前計算，つまり予算上の会計であり，この計算は家庭経済の中期的，長期的計画を作成する際に有益である。[25]

（3）会 計 尺 度

価値という用語は多義的に使用され，例えば，リンク（Linck, S.）は「財産形成と人生の満足度の研究」において36項目にも及ぶ価値概念を指摘している。[26]

家庭会計の観点からすれば、数多くある価値概念の中でも、貨幣交換価値か、使用価値かの問題が特に重要である。

　市場経済を枠組みとする社会においては、経済的な価値は究極において貨幣との交換価値を意味し、その価値は貨幣尺度、つまり価格で表示される。企業はこの交換価値を前提とした生産活動であり、その目的は利益を追求しながらの社会貢献である。企業は生産設備や原料、材料などを市場から購入し、生産された生産物を再び市場で販売し、この購入、販売のいずれもが市場との関わりである。したがって、企業会計にあっては貨幣を尺度とする交換価値で表示しても何ら矛盾しない。他方、消費経済体としての家庭は使用価値を前提とした消費活動であり、その活動目的は欲求充足である。今、家庭会計の中心課題が「欲求充足の量的接近」にあるものとするならば、家庭の消費、所得、財産の価値表示は本来的には使用価値でなければならない。しかし、使用価値は主観的な価値概念であり、現在のところ、使用価値の可測性は与えられず、その単位の名称さえ存在していない。ただ、家庭も市場経済に組みしている点を考慮するならば、家庭会計としての価値は貨幣交換価値が使用価値を数量的に示しているものと仮定せざるを得ない。つまり、100円の交換価値があるものは期待される使用価値も100円であると見なすことである。また、財産は将来のいずれかの時点でモノ・サービスに具現化し、欲求充足に貢献するはずであり、その金額（または評価額）通りの使用価値が期待されている。

　要するに、企業であれ、家庭であれ、その経済活動は貨幣を軸とした活動であり、貨幣は経済価値の尺度、商品交換の媒介手段、経済価値の貯蔵手段として機能する存在である。したがって、「貨幣価値不変」という前提の下では貨幣に替わる尺度がない限り、会計上の尺度（denominator, accounting symbol）を貨幣とすることに不都合はない。具体的には、わが国の場合の尺度は日本銀行券と硬貨の「円」である。ただ、貨幣価値不変という前提に問題がなきにしもあらずである。すなわち、重さや長さなどの物理的、客観的な尺度と異なり、貨幣的な価値、つまり貨幣の購買力はその時々の経済状況によって変化するという問題である。例えば、30年前の100円と今日の100円とでは同じ100円と言ってもその交換価値は異なる。特に、この問題は長期にわたって使用または保

有される資産に影響を与え，長期になればなるほど，現実の価値と計算上の価値，いわゆる簿価とが乖離することになる。したがって，時には各資産の金額を見直す必要がある。

以上は企業会計における会計公準論を参考にした家庭会計の「前提」についての検討である。

まず，家庭という組織体には法的な実体はない。しかし，家族の間で，各家庭には経済管理上の暗黙の了解，約束があるはずであり，これを経済的実体として理解する必要がある。従来，家庭の会計実体または会計単位は「一家に一つの財布」という一元的経済管理を前提としている場合が多いが，このような了解ばかりではない。例えば，会計上，所得者個人と家庭共通の会計単位を設定し，別々に管理する了解である。このような個計的経済管理の内，金額分担方式の場合は家族共通の財布（繰入れ金＝財産）が存在し，これが会計単位である。これに対し，費目別分担方式の場合は財産関係の会計は含まれず，会計単位というよりも消費の「集計単位」とでも言うべき単位である。ともあれ，個計的経済管理は家庭全体としての財務状況の把握は不可能である。この場合，少なくとも数年に一度，家庭全体の財産を計算する必要がある。

次に，家庭の継続性については家長家族制の場合は未来永劫であるが，夫婦とその子からなる核家族の場合は「婚姻中または生存中」という期間を前提とした継続である。

最後に，経済価値の尺度は一般に貨幣であり，これに換わる適切な尺度が他にない限り，会計の測定尺度も貨幣，つまり法定通貨の「円」とせざるを得ない。ただし，これには貨幣価値不変の前提がある。

要　約

以上，家庭会計の基本について述べてきたが，これを要約すれば，以下の通りである。

第一に，家庭の経済構造は財産，所得，消費から成り，金銭が出入りする経済体という意味においては企業と何ら変わるところがない。したがって，そこ

に会計行為があっても何ら不思議ではない。ただ，家庭の会計行為は飽くまで
も自発的な行為である。これが家庭会計の大きな特質である。とは言え，家庭
会計の目的が家庭経営に有益な会計情報を提供することであるとするならば，
単なる金銭の収支計算ばかりでなく，後述する「財産計算」及び「費得計算」
も必要である。

　第二に，核家族にして共働きや親子就業の家庭では「家計の個計化」が見ら
れる。[27] 一元的経済管理の家庭の場合，その会計単位は「一家に一つの財布」が
前提となる。一方，個計的経済管理の家庭の場合，所得者と家族共通の財布が
存在し，これを互いに認め合い，一家の会計単位は「家族共通の財布」が前提
となる。この場合の会計情報は部分的であり，決して一家全体の会計情報では
ない。この点，注意する必要がある。

　第三に，従来の家庭会計観には会計単位（主体）の継続性，つまり家庭は未
来永劫に継続するという暗黙の前提がある。これは家長家族制または家制度に
おいて成立する公準である。しかし，核家族の場合，一代限りであり，その継
続性は「婚姻中または生存中における継続」という限定的な意味として理解す
る必要がある。このことは，会計上，家庭の消滅を前提としなければならない
し，相続・被相続，贈与・受贈を家庭会計としてどのように考えるかという問
題にも関連する。

第1章　参考文献・注

1）　松平友子「第四篇　家事会計（予算生活）論」『家族経済学提要』高陵社書店，
　　1949年，1～75頁。
2）　横山光子「第6章　家事会計」『家庭経済学』光生館，1955年，214～217頁。た
　　だし，この「第6章　家事会計」は下記の書籍では「家庭会計」に変更されている。
　　横山光子「第6章　家庭会計」『改訂家庭経済学提要』光生館，1969年，93～99頁。
　　戸田正志「第五章　家庭会計論」『家庭経済学』酒井書店，1961年，252～281頁。
　　今井光映『家政会計論』家政教育社，1965年。
　　今井光映「家政会計における経過勘定の処理」『家政学雑誌』Vol.15，No.1，44～
　　57頁，1964年。
　　三東純子「家庭会計における科目分類に関する史的考察」『東京家政学院大学紀要』
　　No.17，23～30頁，1977年。
　　常秋美作「家庭会計における公準論（Ⅰ）」『山梨大学教育学部研究報告』第2号，

229～235頁，1977年。

3） 黒澤　清「第4章　貨幣的評価の公準」『近代会計学』春秋社，1969年，49～63頁。

4） 家庭からの生産要素の提供の仕方は次の8通りである。1の型は移転所得で生活している家庭に多く，これ以外の家庭は2～8のいずれかの型に属する。

型＼要素	1	2	3	4	5	6	7	8
労働力	×	○	○	×	×	○	○	×
資　本	×	○	×	○	×	○	×	○
土　地	×	○	×	×	○	×	○	○

5） 2）上掲書　戸田正志『家庭経済学』，252～253頁

6） 経営なる用語は消費経済体である家庭には馴染まないかもしれない。しかし，家庭といえども無秩序に運営される組織体ではない。そこには計画，実行，評価または統制（サイバネティックス）というマネジメント行為がある。かつて「経営」という用語は主に営利を目的とする生産経済体に使用されることが多かったが，今日では，営利，非営利を問わず，経済活動のある組織体に広く使用される用語である。

7） 中川英子はこの意味を含んで「家計の共同性」と称しているが，時に「家計の社会性」と称されることもある。
中川英子「第5章　3．個人と家族の家計簿」日本家政学会家庭経済学部会編『多様化するライフスタイルと家計』建帛社，2002年，125～137頁。

8） 谷本寛治「第3章　企業評価基準の変化」『CSR 企業と社会を考える』NTT 出版，2006年，99～151頁。
倍和　博「第2章　CSR 会計の基本問題」『CSR 会計への展望』森山書店，47～68頁，2008年。

9） 筆者の経験上，欧米諸国には「家計簿」または「家庭簿記」という概念がないことはないが，肥満解消を目的とした「栄養管理簿」あるいは「健康管理簿」のような帳簿が一般的のようであり，金額記帳は単なる備忘録程度である。

10） 佐方しづ・後閑菊野合「第四　家計簿記」『近世 家事教科書　下巻』成美堂 目黒書店（合梓），116～119頁，1924年。
家制度の場合，「…主婦たる者，家長の所得を預りて，之を適当に使用し，其の責任を明らかにせん…」であり，主婦は家長（戸主）から生活費を預かっている者という考え方である。

11） 総務省統計局『平成27年国勢調査　就業状態等基本集計結果』，2017年，18頁。

12） 総務省統計局「家計の個別化の実態に関するアンケートの結果について」『家計調査等改善検討会資料2』，2011年　www.stat.go.jp/kenkyu/kaizen/

本調査の目的，対象等の概要は下表の通りである。なお，この調査では「家計」の明確な定義が見あたらないが，文脈から判断して家族の生活費を賄う共通の会計単位を「家計」と呼んでいるものと考えられる。

1　調査目的：

「公的統計の整備に関する基本的な計画」に揚げられた「個計化の状況のより的確な把握」について検討するための基礎資料として，二人以上の世帯における家計管理の形態と収支の把握状況を明らかにする。

2　調査対象（各200世帯）：勤労者世帯

A　夫婦のみの世帯で，うち１人が就業者である世帯（片働き）

B　夫婦のみの世帯で，夫婦ともに就業者である世帯（共働き）

C　夫婦と子どもからなる世帯で，子どもが就業者でない世帯
　　（片働き世帯；107戸，共働き：93戸）

D　夫婦と子どもから成る世帯で，子どものうち１人以上が就業者である世帯
　　（父，母，子が就業する世帯；97戸，父又は母と子が就業する世帯；103戸）

E　ひとり親と子どもからなる世帯

3調査事項：

ア　家計簿記入者及びその家族に関する事項

イ　収入から家計に繰り入れた金額に関する事項

ウ　世帯全体の収入総額の把握状況に関する事項

エ　世帯全体の支出総額の把握状況に関する事項

4　調査方法：

民間調査機関が，平成23年（2011年）２月下旬から３月上旬にかけて，インターネットにより実施

13)　田中慶子・坂口尚文「共働き夫婦の家計運営」『日本労働研究雑誌』No. 689，28〜39頁，2017年。

14)　青柳文司「§7　測定」『会計情報の一般理論』中央経済社，1972年，187〜226頁。

　　青柳文司氏は測定とは「規則に従って，対象（もの）もしくは事象の諸側面への数詞 "numerals" を割りあてること」であるとしている。

15)　会計公準は「会計習慣」，「会計原則」，「会計公理」などといわれることもあり，これらの用語の使い方は論者によって異なる。また英語表現においても "basic concepts"，"postulation"，"assumption"，"convention"，"axioms" などがある。

16)　友岡　賛「第Ⅲ章　会計の前提を考える」『会計学原理』税務経理協会，2012年，103〜117頁。

17)　今井光映「序論　Ⅴ家政管理と家政会計主体」『家政会計論』家政教育社，1965年，28〜31頁。

18)　平井　潔「第４章　家計の意義」『最新家計管理概論』産学社，1967年，45〜51

頁。

19）日木康夫「第2章 第7節 社会科学サイドからのアプローチ」『消費経済学総論』税務経理協会，1993年，113〜118頁。

20）一般に「小遣い銭」は自由裁量としての消費支出であり，設定された会計単位からすでに支出されたものとして処理される。したがって，現実は如何様にあれ，会計上，「小遣い銭」や「臍繰り」という財布は存在しないことになる。

21）松平友子「第4章 複式簿記による家計簿記の私案」『家計簿記論』高陵社書店，1968年，103〜158頁。

22）森本武也「第1章 第1節 Ⅳ 近代家族の特性」『家族関係』大明堂，1978年，20〜22頁。

23）黒澤 清「第3章 会計期間の公準」『近代会計学』春秋社，1969年，30〜48頁。

24）博文館新書編集・発行『3年連用家計簿』

25）「一生涯費目」という用語を見受けるが，これは一生涯という会計期間中の生活費ではなく，年齢またはライフステージに関係なく，ほぼ毎日，反復的に必ず支出する予算計画（事前計算）上の費目分類名である。
八ッ井慶子「リタイアに備える」『朝日新聞』2014年（平成26年）10月19日付。

26）Linck, S., *An Exploratory Study of Value Orientation and the Achievement of Financial Goals and Life Satisfaction*, The Pennsylvania State University, Pennsylvania, 1982, p. 15.

27）勤労者世帯のみならず農家世帯においても「三（さん）ちゃん農業」，「二（に）ちゃん農業」といわれた1960年代頃から兼業農家にはすでに個計化の傾向が見られた。
小林綾枝「家計管理の個別化について」『国民生活研究』第24巻2号，1〜16頁，1984年。

補論 3 「家庭」の法的実体

　通常，経済学，家庭経済学の分野における「家計」または「家庭」は一つの
まとまった経済主体の単位であり，また，この主体の経済活動には「一家に一
つの財布」という大前提がある。しかし，民法上，この主体の根拠法は存在し
ない。もし，あるとすれば，それは住民基本台帳法の世帯概念と戸籍法で想定
している家族概念である。

　まず，住民基本台帳法における世帯概念についてであるが，今日，同一の住
所のもとで，寝食，生計を共にしている生活単位にはいくつかの形態が想定さ
れる。例えば，国勢調査上の世帯には一般世帯（親族世帯，非親族世帯，単独
世帯）と施設等の世帯（寮，病院，社会施設など）とがあり，また，一時的な
同棲世帯や単身赴任世帯などもある。ある意味において，このような世帯の単
位を家庭経済体として捉えることができる。しかし，この世帯概念は少なくと
も「消費」という営みの部分が共同であるということだけであって，所得や財
産までも共同，共有であるという保証はない。また，世帯を構成する人間関係
やそこにおける財産の帰属関係を住基法で定めているという訳でもない。市区
町村長が適当であると認めた世帯（同法第5条の2）の住民票の編成単位をもっ
て，すなわち，消費の共同または部分的な共同のみをもって，直ちに家庭とい
う経済体の法的な実体であるとは言い難い。

　次に，戸籍法（6条）によれば，戸籍簿という一つの単位は「本籍を定める
一の夫婦及びこれと氏を同じくする子ごとに」編成される。現行法上，家族に
ついての明確な定義条文はないが，一つの戸籍簿は民法で定める夫婦関係，親
子関係の記載であり，これが今日の社会通念上の「家族」という単位の基本で
ある。しかも，夫婦関係は原則として同一男女の間で一生涯継続する終身婚を
想定したものである。通常，家庭経済体といった場合の「家庭」はこのような
家族を前提とした一つの生活空間（民法上，夫婦の同居・協力扶助の義務，父
母の親権など）である。企業は法人であるが，家庭は夫婦，親子の続柄として
継続する人的結合組織としての自然人の単位である。これが家庭経済体の人的

側面における法的実体であり，かつ生活共同体としての単位である。なお，法律婚よりも事実婚を優先する考え方が一般化すれば，家庭経済体の法的実体は薄くなり，もっぱらその時の社会的規範による実体ということになろう。

第 2 章

財 産 計 算

家庭経営上の一つの課題は与件的な所得をもっていかに消費のための支出を管理するかである。つまり，家庭簿記論や家庭会計論上の関心事も生活費，生計費，家計費，労働再生産費などと称される「消費」に関わる支出をいかにして把握し，管理するかである。今一つの課題はカード地獄，借金地獄，自己破産などの回避については言うに及ばず，年金の受給額を考慮し，自らが老後の生活資金を現役中にどれくらいを積み立てるかである。これらは財産計算に関わる問題である。従来，家庭会計はこの問題に余り関心を寄せてこなかったきらいがある。財産計算とはある時点における財産の有高，及び会計期間中の財産の出入りを計算することである。つまり，前者は時点計算，後者は期間計算である。

第2章 財産計算

1 財産概念

これまでの記述において，財産，資産，負債という用語をしばしば使用したが，これらの意味を家庭会計の観点から吟味しておく必要がある。

（1）財　産

「財産」という用語の意味は広範多義であるが，家庭会計上の財産には次の二つの意味がある[2]。その一つは「将来，何らかの形で欲求充足に貢献するであろうと期待される経済価値としての貯え」としての意味であり，この意味での「貯え」が財産の本質である。具体的には土地，建物，貴金属類，現金，預貯金，貸付金，株式，公社債，投資信託などであり，資産（後述）と同じ意味である。社会通念上の財産もこのような意味で使用されることが多い。二つ目は負債を含んだ意味での財産である。上例の「貯え」中には借入金によって購入したものが含まれる場合がある。例えば，借入金によって住宅を購入した場合である。欲求充足への貢献という意味においては，借入金で購入した家も自らの資金で購入した家も何ら異なるところがなく，欲求充足への貢献という意味においては同じである[3]。ただ，相違する点は借入金についてはその返済義務が発生することである。当然，借入金は，将来，資産の中から返済され，したがって，財産には将来の欲求充足を制限する「負債」を含んだ意味が生じることになる。

本書における財産計算とは資産のみならず，負債をも含んだ計算であり，上記の二つ目の意味である。一つ目の意味での財産計算であれば，負債を含まない資産のみの計算となり，会計情報の有益性は低くなる。また，第1章で述べた「一元的経済管理」は家庭全体としての財産計算であり，「個計的経済管理」は各所得者の財産についての計算である。つまり，一元的経済管理の場合は財産の名義人が如何様にあれ，すべての財産は一つの会計単位に属し，個計的経済管理の場合は自己名義の財産のみが自己の会計単位に属する。ただし，「個計的経済管理」の金額負担方式の場合は，前掲図1-3のように各人の会計単

51

位からの繰入金（現金，預貯金），及び家族共通の消費のための買掛金（クレジット購入）や未払金などは共通の会計単位に属する財産となる。

（2）資　産

　家庭会計上の資産とは当該会計単位に繰入れられ，将来，何らかの形で欲求充足に貢献する能力を有し，かつ貨幣評価が可能な財貨のことである[4]。したがって，社会通念上，財産，あるいは資源と認識されても「貨幣評価」のできないものは資産とはならない。例えば，身体に備わった態度，知識，技能，信用などの人的資源，あるいは特許権，意匠権，著作権などの知的財産である。ただし，知的財産については，それを賃貸している場合に限り，資本還元評価（賃貸料÷市場利子率）が可能であり，資産となり得る。

　因みに，総務省家計調査の「Ⅱ 貯蓄・負債編」における貯蓄は金融資産（手許現金を除く）のみであり，物的資産は含まれていない。このため，50歳代以下の世帯は負債額が貯蓄額を上回る結果となり，一見，債務超過のように見える。しかし，借入金で購入した土地や建物などの物的資産を貯蓄として算入すれば，余程のことがない限り，例えば，借金をして住宅を取得し，これが自然災害や火災などで消失しない限り，このようなことは起こり得ないはずである。

① 区　分

　資産は種々の観点から区分または分類される。例えば，形態，機能，換金速度など，あるいはこれらの組み合わせである。企業会計の場合，通常，当該資産が現金化されるまでの期間，または廃棄に至るまでの保有期間が短期か，長期か，流動的か，固定的かに重きを置いた区分，つまり"one year rule"に従う「流動資産」と「固定資産」の区分である。しかし，家庭会計の場合，理解の容易さも重要な要素である。それは「お金」と「モノ」の区分，つまり「金融資産」と「物的資産」の区分である。以下，この区分に従い，その内容について検討する。なお，この区分問題は簿記における「勘定科目」の設定と深く関わる問題である。具体的な勘定科目の設定は第6章で述べる。

(1) 金融資産

金融資産とは，将来，モノやサービスを購入するための支払い手段の貯えである。具体的には手許現金，商品券，預貯金，貸付金，貯蓄性保険，社債，公債，投資信託，株式などである[5]。これらは欲求充足への貢献という意味では間接的である。例えば，株券は飽くまでも紙切れ，または電子媒体上の証票である。株式を売却し，これで得た現金で購入したモノやサービスが欲求充足に直接貢献するのである。

まず，上記の資産のうち，現金と預貯金についてはその金額の多寡はあるとしても，これらを保有していない家庭は皆無であると言っても過言ではない。現金は直接の支払い手段であり，また，金融機関の預貯金は貯蓄目的も含まれるが，今日，この口座は決済手段として開設されることが多い。つまり，この口座の開設目的は小切手，クレジット，デビットなどによる買い物の支払いのためであり，貯えの手段というよりも，金融機関を通した間接的な支払い手段である。また，定期性預貯金，貸付金，貯蓄性保険，公社債，株式，信託などは利子，配当，優待，相場上昇などを期待しての保有である。とは言え，これらは基本的には将来の生活に備えての貯えであり，究極的には将来のいずれかの時点において売却または解約を通じて現金化され，モノやサービスなどの購入に充てられる。因みに，事業を自ら営む家庭の場合，会計上，家庭と事業は独立した会計単位であり，家庭からの資金提供は事業においては「資本金」または「借入金」，家庭においては「出資金」または「貸付金」である[6]。

(2) 物的資産

物的資産とはモノであり，将来にわたって欲求充足に直接的に貢献するであろう有形財（tangible goods）のことである。しかし，有形財のすべてが会計上の資産となる訳ではない。一会計期間中に消費し消滅すると想定されるモノもあれば，その貢献，機能が一会計期間を越えて継続するモノもある。さらに，地代や家賃をもたらすモノもある。以下，有形財を消耗財，耐久財，永久財の三つに分け，これらの資産性について検討する[7]。

i）消耗財

通常，消耗財とは原則として会計期間中に貢献し消滅することが想定される

有形財のことである。例えば，米，パン，野菜，肉類などの食品，靴下，肌着などの衣類品，歯ブラシ，歯磨き粉，ちり紙などの健康衛生品である。これらの資産性は感覚的にも会計的にも認められず，その支出は当該期の消費としての認識である。ただ，箸，簓，文房具，上着類，履き物など，一般に「日用雑貨品」と称されるモノをどのように考えるかが問題となる。これらは一会計期間中に必ずしも消費され尽くされず，次に述べる耐久財の性格がある。一膳の箸は数次の会計期間にわたって使用され，この間，欲求充足に貢献するモノである。しかし，このことをもって箸一膳を会計上の資産として扱う必要性はない。それは，仮に，一膳の箸を資産として扱ったとしても会計情報としての意義がほとんどないからである。したがって，「日用雑貨品」の類いは消耗財として扱っても支障がない。

　ⅱ）耐久財

　耐久財とは数次の会計期間にわたって欲求充足に貢献し，使用の頻度や時の経過によってその機能が徐々に低下し，いずれかの時点で廃棄され更新される有形財のことである。家庭にはこの種のモノも数多く存在する。物理的な耐久性という意味においては上記の日用雑貨品も耐久財であるが，問題は一般に耐久財と称されるモノの内，何を資産として扱うかである。会計上，この問題に対して以下のようないくつかの考え方がある。

　その一つは住宅以外の耐久財については購入価格の高い，安いにかかわらず消耗財として扱う考え方である。総務省による家計調査上の家計簿や多くの市販家計簿もこのような考え方である。その二つは当該財の資産性を購入価格の水準に求める考え方である。耐久財の価格水準は数千円代の電化品から数百万円代の自動車といった具合に桁違いである。安価な耐久財までも資産として扱っても会計情報としての意義は低い。したがって，ある一定の価格水準以上の耐久財を資産とする考え方である。例えば，10万円未満のものは消耗財，これ以上のものは資産とするということである。1950年代後半から1960年代中半頃に，三種の神器，3Cと言われ，家電品が著しく普及した頃，これらを資産扱いとし，減価償却費を計上すべしという考え方があった。その三つは耐久財の資産性を中古市場の存在如何に求めようとする考え方である。本来，生活財は

生活のために購入されるのであって，転売を目的に購入取得されるものではない。しかし，事実上，耐久財のある種のモノは広く中古市場で売買されることがある。当然，中古市場が成立していることはそれなりの市場価値があるからである。したがって，広く中古市場が成立している耐久財については資産であるとする考え方である。

　耐久財を購入価格や中古価格の水準に基づいて資産，つまり償却資産とすることは減価償却費という評価性，抽象性の消費を高めることになる。このことは真実の消費という意味においては論理的である。しかし，家庭の場合，会計の簡便性，簡易性を重要視し，本章では，耐久財のうち，住宅と自動車を償却資産とし，これ以外は消耗財とする。

　ただ，ここで一つの問題がある。それは愛玩用，観賞用の動物・植物の会計上の扱いである。これらは「モノ」ではなく，「生き物」である。これらは生活に潤いを長きにわたって与え続けるであろうから，一種の耐久財であり，高額な動物・植物はその資産性がなきにしもあらずである。しかし，動物・植物は生き物である限り，明日にも死ぬかもしれないし，枯れるかもしれない。したがって，会計情報の確実性という観点からすれば，動物，植物の資産性を認めない方が安全である[9]。当然，これらの餌代，肥料代，薬剤などは娯楽のための消費である。

ⅲ）永久財

　家庭には永久的または半永久的に欲求充足に貢献するモノ，いわゆる不消耗性のモノも存在する。この典型例としては土地であるが，これ以外にも絵画骨董品，石造物，宝石，貴金属，神仏具なども永久財として扱うことも可能である。絵画骨董品や石造物などは物理的には時間の経過とともに古びて劣化するであろうが，かえって，このことが経済的な価値を高めることもある。鑑賞したからといって，その分，減耗する訳でもなく，当該品それ自体の更新も不可能である。また，貴金属を素材とする装身具，装飾品はその物理的な減耗がほとんど見られず，通常，素材それ自体に一定の経済的価値がある。この点を踏まえて，高額な装身具，装飾品に限ってその資産性を認めるべきとする考え方が成立する。ただ，この考え方には先の耐久財の場合と同様に，問題は何万円

以上をもって「高額」とするかである。そこで，この問題を回避するためには，気持ちの上では財産であるとしても，これらは購入の時点で鑑賞用，装身用，装飾用として消費し，消滅したものと見なさざるを得ない。永久財の内，会計上の資産は地金（銀，プラチナを含む）と土地くらいである。

　以上，物的資産について検討してきたが，家庭会計上の資産とすべきは自動車，地金，建物，土地である。確かに，ある家電品を購入した場合，その月の消費額（生活費）は高くなるが，月平均（取得額÷12ヶ月）の消費額はそれほど高くならない。なお，消耗財を棚卸資産として考えるか否かの問題は第6章で述べる。

② 評　価

　会計上の資産評価とはある時点における資産の経済的価値，つまり簿価を決定することである。また，評価は恣意性を避け，客観的な事実に基づいて行われ，合理的な根拠がない限り，毎期，評価替えをしないことが原則である。この二つは評価の客観性，一貫性とでも言うべき原則であり，これにより，評価に起因する「含み費得（損益）」が回避され，財務の時系列分析の有益性が確保される。通常，資産は購入した時の金額（取得価）による評価であるが，取得価が不明もしくは曖昧な資産については時価，資本還元価，類似価，固定資産課税評価額などによる評価が採用される。家庭の場合，その昔に購入し，取得価が陳腐化した資産，あるいは相続や被贈与などで取得し，その取得価が不明確な資産が多々存在するであろう。これらは上記のいずれかの方法で評価せざるを得ない。

⑴ 現金，預貯金など

　手許の現金（通貨）は額面額そのものであり，一万円札の評価額は1万円以上でもなければ，これ以下でもない。また，通貨単位の変更のない限り，20年前の一万円札も現在の一万円札もやはり一万円である。このことが正に「貨幣価値不変の公準」である。当然，現金と同様に預貯金，貸付金，立替金，貯蓄性保険などの有高（額面）も評価の余地がない。

(2) 株　式

　株式も上記のように取得価が陳腐化している場合や，相続，贈与などによる取得のため，その取得価が不明確な場合がある。このような場合，公開株については時価をもって評価することができる。しかし，未公開の株式については時価評価といっても，それは困難である。未公開株の場合，相続税法上の「原則的評価方式」も一つの評価方法であるが，これには当該会社の関係資料が必要であり，そもそもこれは課税上の評価であって，一般家庭にとっては不向きな方式である。比較的容易な評価方法は還元価（配当金÷市場利子率）による評価である。例えば，某社の株式を保有し，過去３ヶ年の年当り平均配当金が5.1万円，市場利子率（金融機関の貸出金利）が5.0％であったとすれば，この株式の評価額は102万円と計算される。もし，過去３ヶ年間，無配当であった場合は，計算上，当該株式の資産的価値はゼロとなるが，この場合，財産表に計上しない方法（オフ・バランス）と形式的に「１円」を計上する方法とがある。

(3) 土地，建物等

　土地や建物などの物的資産についても取得価による評価が原則であるが，これらもその取得価が不明な，あるいは陳腐化している場合がある。このような場合，原則として時価による評価である。

ⅰ）土　地

　土地は地目（用途），立地などによってその経済的価値が異なる。土地売買の取引件数が比較的多い都市部においては時価による評価が可能である。しかし，売買取引の事例がないような地域においては時価評価は困難である。このような場合，固定資産税の課税上の評価額をもって会計上の評価額とすることも可能である。ただ，この課税評価額は３年に一度見直されるが，家庭にあってはその都度，評価替する必要性はなく，10年に一度くらいの評価替えで十分である。加えて，課税上の地目がどのようであれ，貸地については還元価で評価することも可能である。例えば，貸地の地代が年当り24万円，市場利率が年5.0％であったとすれば，先の株式と同様の計算によってこの貸地の評価額は480万円となる。

ⅱ）建　　物

　建物（住宅）については上記の土地と同様に固定資産税の課税評価額を会計上の評価額とすることが可能である。また，再調達原価（建築費）法に基づいて評価額を算定することもできる。例えば，築30年の建物をこの方法によって評価すれば，その評価額は次のようになる。もし，30年前の建物と同じ仕様で再建築したとすれば，その再調達原価が3,000万円となり，その評価額は次のように計算される。残存価額をゼロ円，耐用年数を50年，減価償却計算を定額法とした場合，この建物の評価額は次のように計算される。

　　3,000万円－[(3,000万円－ 0 万円)÷50年]×30年＝評価額1,200万円
　　　　　↑　　　　　　　　　　↑　　　　　　　　↑
　　再調達原価　　　　　減価償却費　　　　　経過年数
　　＊自動車についても同様の方法で評価できるが，専門家による年式，
　　　外見等で評価される。

（3）負　　債

　家庭会計上の負債とは設定された会計単位に繰入れられ，この単位から返済される債務のことであり，将来の欲求充足を制限することは先に述べた通りである。例外もあるが，負債は「先取り消費」である。

① 区　　分

　負債も資産と同様に種々の観点から区分できるが，企業の場合，流動と固定の区分が一般的であり，通常，この流動とは一ヶ年未満，固定とは一ヶ年以上である。これは資産と同様，"one year rule" 基準による区分である。家庭の場合も，給与の支給日，ボーナスの支給月，クレジットカードの代金決済日などを考慮すれば，この区分は必ずしも不合理ではない。ただ，住宅や教育などのローンは長期の返済契約であること多く，一方，日常的な買い物などのクレジットは短期の返済契約である。したがって，家庭会計の場合，流動，固定という資金の回転速度を基礎とする区分を避け，返済期間の長さを示す短期と長期とに区分する方が有効である。

(1) 短期負債

かつて，日常的な買い物の支払い方法は現金払いの他に「盆暮れ払い（二期制払い）」も見られ，これは原則として一ヶ年以内の現金清算であり，正に短期的負債である。しかも，この場合，比較的購入頻度の高い食品，衣類，雑貨などは「買掛金」として，購入頻度の低い電化品，家具，自転車などは「未払金」として区別される。今日でも，このような支払い方法がなきにしもあらずであるが，今日，現金払い以外の決済方法としてクッレジット払い，リボルビング払い，割賦払いなどが一般化している。特にカード払いは手許に現金がなくとも買い物ができるため，つね日頃の管理が重要である。デビットカード以外のカードによる支払いは購入日から銀行口座振替日の間は購入者に債務が発生ており，借金の状態である。一般的にクレジット払いは原則として諸経費（利子や手数料など）の利用者負担を含まないが，リボ払いや割賦払いは諸経費を支払う必要があり，契約によっては完済に数年掛かることもあり，長期的負債になることもある。

(2) 長期負債

家庭の長期負債と言えば，その代表例は住宅の新築，増改築，子の教育，時に自家用車の購入に伴う負債である。これらの中でも，住宅ローンについては債務者の退職時まで，あるいは退職後もその返済が続く契約もある。また，意図しない不慮の病気，事故，自然災害などによって長期にわたる負債を抱え込む家庭もなきにしもあらずである。

② 評　価

負債額は借入れた金額そのものであり，評価の余地はない。例えば，100万円を借入れた場合，仮に，借入れ期間中に通貨価値の実質的な増減があったとしても，通貨単位の変更がない限り，負債額はこれ以上でもなければ，これ以下でもない。

2　正味財産

　上記のように，資産のすべてが欲求充足に貢献するとは限らず，負債のある場合はその分だけ将来の欲求充足が抑制される。したがって，将来の欲求充足に貢献する実質的な経済価値は資産から負債を差し引いて求められる。この差し引き額を単に「差額」と称しても良いが，以下，この差額の呼び方について検討する。

（1）差額の呼称

　従来，家庭会計や家庭簿記の分野においては，資産と負債の差し引き額は「資本」「主権」「純資産」「純財産」「正味財産」などと呼ばれ，必ずしも統一的な名称がある訳ではない。

　例えば，松平友子はこの差額を「資本」と称しているが，この「資本」に対する概念上の説明はない。氏は企業簿記（複式の企業簿記）における［資本＝資産－負債］または［資産＝資本＋負債］における「資本」を直訳的に使用したものと考えられる。また，家庭経営学や一般経済学などにおいても，家庭に存在する財産は「資本」と称せられることがあり，さらには民法903条の特別受益者の相続分について「生計の資本として贈与を受けた者」という文言が見られ，ここでも「資本」という用語が使用されている。この場合の資本は単なる「生活のための資金，元金」という程度の意味であろう。

　このように「資本」という用語は多義的に使用されているとは言え，会計用語としての「資本」は黒澤清によれば，次のようである。「資本」とは，元々，コメンダの会計において利子を含めて返済されるべき借入金，つまり利子を生む元としての貸付金（captus）のことであり，これより転じて，今日，広義に解して利潤を生み出す生産財の貨幣価値の総体としての意味が最も基本であるとされる。また，企業における資本は増殖目的（利潤目的）を内在した一定の法的関係に基づいた概念である。このような概念を持つ資本を家庭会計においても採用するとしたならば，それは家庭という組織体の性格を必ずしも言い尽

くしているとは限らない。家庭における財産は決して利潤目的のために存在するものではない。仮に，家庭会計として新たに資本概念を定義し，これを採用したとしても，すでに企業会計に定着している資本概念と混同，混乱するだけである。

ところが，今井光映は「家政の資産は家計資産価値が獲得手段的あるいは所有関係的に貨幣価値区分表示される」とし，抽象的な価値概念として「主権」という用語を使用している[13]。つまり，具体概念の資産（借方）＝抽象概念の主権（貸方）であり，さらに，この主権は自己主権と他人主権（負債）とに分けられ，結局，資産－負債＝自己主権ということになり，この自己主権は夫主権，妻主権，こども主権に区分されている。

今一つ，「純財産」「純資産[14]」「正味財産」という用語がある。これらはいずれも［資産－負債］であり，差し引き額としての「純」（net）または「正味」の意味である。自己の所有する資産から負債を差し引いた残りの部分が真に自己に属する財産価値であり，将来の生活のために使用できる「正味」の価値部分である。この意味において「正味財産」（net worth）は最も理解しやすい用語である。したがって，本書では資産と負債の差額を「正味財産」と称することにする。当然，この正味財産は「負」の値になることもあり得る。

（2）差額としての正味財産

家庭は第1章でも述べたように法的実体のある存在ではなく，また生活資金を広く社会から募って誕生する組織体でもない。敢えて言えば，家庭は社会慣習上あるいは自然発生的な組織体である。このような家庭を会計の対象とする場合，正味財産について，今一つ重要なことがある。それは正味財産それ自体の取引として認識するべきか否かの問題がある。具体的には相続，被相続，贈与，受贈（被贈与），財産の滅失（地震や津波などによる滅失）などの場合である。このような場合も正味財産は増減するが，これが後述の費得計算に影響しないようにするならば，正味財産への直接の「繰入れ」または「取崩し」として認識する必要がある。しかし，本書では正味財産は上記のように飽くまでも差額概念であり，元入れ概念ではない。したがって，上記のような場合，特

別な所得または消費である。なお，総務省の家計調査においても相続，被相続，贈与，受贈等は実収入，実支出としての扱いである。

3　財産計算の方法

　財産計算の目的は上記のように財産状態を把握し，健全な家庭経営に資することである。端的に言えば，第1節で述べたような借金地獄に陥らないためである。この計算の方法には大きく分けて次の二通りがある。それは財産を費得計算に関連付けることなく単独に計算する方法と費得計算に関連付けて計算する方法である。

（1）単独財産計算
　単独財産計算とは期間計算（費得計算）に関係することなく，「実査」によって財産を計算することである。これは家庭経済の静態的側面のみの計算であり，具体的にはある時点における資産と負債の有高を実査し，財産表を作成することである。この計算には「一過性」と「定期性」の二つがある。

① 一過性の単独財産計算
　一過性の単独財産計算とは一回のみの財産計算のことである。これは一回の計算でその目的が達成される場合に限られ，離婚や相続などの財産分割の協議が必要となる特殊な事態に際する財産計算である。また，家庭の場合，記帳開始時の財産状態が明確であるとは限らない。このため，複式簿記による家庭簿記を採用しようとする場合，必ず記帳開始時の財産状態を把握しなければならない。これも一過性の財産計算である。ただし，複式簿記の場合，一過性の財産計算は記帳開始時に限った計算であり，記帳開始年度の期末及びこれ以降の計算は次に述べる関連財産計算となる。

② 定期性の単独財産計算
　定期性の単独財産計算とは一定の期間毎に，例えば，一年に1回，あるいは

数年に1回の頻度で繰り返される財産計算のことである。この場合の計算目的は実査の時点における財産状態の把握ばかりでなく，前回と今回の間における正味財産の純増減額も計算することである。[15] 算式としては次ぎの通りであるが，正味財産を増減させた原因（消費と所得）は把握できない。とは言え，このような定期的な単独財産計算だけの会計情報でも家庭経営にとって有意義である。

正味財産の純増減
$A_t - L_t = N_t$
$A_{t+1} - L_{t+1} = N_{t+1}$ $S = N_{t+1} - N_t$
＊A：資産 L：負債 N：正味財産 t：実査時点 S：正味財産の純増減

（2）関連財産計算

関連財産計算とは何らかの形で費得計算に関連付けられた財産計算のことである。この場合の計算目的は財産状態を把握すると同時に，費得計算の結果を検証することである。この両計算の関連は次式の通りである。

財産計算（静態局面）；
　　期末正味財産－期首正味財産＝当期純増減額　
費得計算（動態局面）；　　　　　　　　　　　　→当期純増減額＝経済剰余額
　　所得（収入）－消費（支出）＝経済剰余額　

財産は消費すれば必ず減少し，所得を獲得すれば必ず増加する。複式簿記は財産計算と費得計算とを有機的に関連付け，正味財産の純増減額（期首，期末の正味財産の比較計算）と経済剰余額（費得計算）とが等しくなる一つの記録計算体系である。財産計算は決して単独であるという訳ではない。つまり，複式簿記は上式の「財産純増減額」＝「経済剰余額」をもって，財産計算，費得計算の信憑性を相互に検証する機能を有することである。例えば，期末，期首の正味財産がそれぞれ100万円，80万円であったとすれば，この期間の正味財産の純増加額は20万円である。一方，所得が350万円，消費が330万円であったとすれば，経済剰余額は20万円である。記録計算に誤りがなければ，このように正味財産の純増減額と経済剰余額とは必ず一致する。

以上，いくつかある財産計算の方法のうち，複式簿記による財産計算が最も論理的な方法であるが，債務超過を回避するためには，少なくとも定期性の単独財産計算が必要不可欠である。一度，財産計算を実施すれば，これ以降の財産計算はこれに準じることになり，それほど難しいことではない。

4　財産収支の計算

以上は財産の静態的な側面についての計算であるが，財産にはもう一つの側面がある。この典型的な例は現金や預貯金などであり，特に手許現金の有高は日々の出し入れによって変化する。このような変化が財産の動態的な側面である。第5章で述べる「現金出納帳」は現金の出し入れを記録計算する帳簿であり，正に現金と言う財産の動き，流れを記録計算する帳簿である。この動きが現金の動態的な側面である。また，預金通帳も現金の預け入れ，引き出しの記録であり，このことも預貯金の動態的側面である。さらに，土地や建物などの固定資産についてもその売買は動態的な側面である。会計期間中におけるこのような動態的な側面の記録計算が「財産収支の計算」である。当然のこと，この計算は上記の時点計算ではなく，期間計算である。第6章で述べる「財産的収入」，「財産的支出」はこのような財産の動態的な側面に着目した区分概念である。

要　約

以上，家庭会計としての財産についての考え方，計算方法を要約すれば，次の通りである。

第一に，家庭会計上の財産とは「明日以降，すなわち，将来の生活に対して何らかの形で貢献するであろう経済価値のある貯え」である。財産計算が家庭経営にとって有益な会計情報であるためには，資産（積極的財産）のみならず，将来の欲求を制限する負債（消極的財産）を含んだ計算でなければならない。

第二に，家庭内に多様な形で存在する財産区分は，経営管理上，資産につい

ては金融資産と物的資産，負債については短期負債と長期負債の区分が有益である。また，会計の重要性の観点から物的資産は電化品，家具，正装着などの耐久財を除外し，建物，自動車，地金，土地に留めるべきである。さらに，資産の評価は原則として取得原価であるが，この原価が不明または陳腐である場合は時価，再調達原価，還元価，固定資産課税評価額などで評価せざるを得ない。負債については評価する余地がなく，額面額そのものである。

　第三に，資産と負債の差額についての呼称は論者によって異なり，必ずしも統一的ではない。家庭経営の性格や分かりやすさなどを考慮するならば，「正味財産」なる用語がより適切であるものと考えられる。つまり［資産－負債＝正味財産］である。

　第四に，財産計算は財産のみの計算と費得計算に関連付けた計算とに分けることができる。前者を単独財産計算，後者を関連財産計算と称するならば，複式簿記，第6章で述べる単複式簿記の記帳開始時における財産計算は単独財産計算であるが，これ以降の計算は関連財産計算である。また，単独財産計算には一過性，定期性，関連性の計算があり，一過性の財産計算とは財産分割などの協議が必要となる特殊な事態に際する財産計算である。これに対して，定期性の財産計算とは実査時点における財産状態の把握ばかりでなく，前回と今回の間における正味財産の純増減額の計算も可能である。さらに，関連性の財産計算は費得計算に関連付けた計算のことであり，この計算の目的は財産状態の把握と同時に，費得計算の結果を検証する手段でもある。正に，複式簿記における複計算の原理である。野田晃子も「家計にも資産の取得，負債の発生といった概念を導入し，複式簿記の手法により……」と指摘し，複式簿記を推奨している。[16]

　第五に，財産計算とは財産の静態的側面の時点計算ばかりでなく，財産収支という動態的側面の期間計算も含めた計算概念である。

第2章　参考文献・注

1）　宮坂順子「有配偶者世帯における多重債務の要因」日本家政学会誌，Vol.55，No.4，273〜283頁，2004年。

2）　田島四郎「第1章　企業会計の内容」『会計学』国元書店，1971年，1〜19頁。

企業会計の分野では「資産と負債を総称して財産ということがあり，資産を積極的財産，負債を消極的財産ということもあるが，本質があいまいであるから，用いないほうがよい」とする見解がある。

3） 近藤康男「第6章　科目に関する若干の検討」『農業簿記学（改版）』日本評論社，1950年，66～95頁。
生産体を前提とした議論ではあるが，借り入れた生産手段は生産活動に対して自己有の生産財と同等の働きをする以上，負債に資産と同額を計上すべきであるという見解もある。

4） 岡部孝好「資産」神戸大学会計学研究室『第六版　会計学辞典』同文舘，2007年，575～576頁。
かつて，企業会計における資産は「企業によって所有される財産」であったが，今日では「…企業に支配されている経済的資源」であり，この経済的資源とは「企業にとって価値のある財貨または権利」である。法律上は賃貸契約であるが，実質的に所有権が借手に移転されたと見なされる長期，高額リース物件は借手の資産として計上されることがある。所謂，リース資産である。割賦販売の場合も同じようなことが起こる。

5） 狭義の現金（法定通貨）も有価証券の一種であるが，通常，会計上の有価証券とは株式，社債，国債・地方債，投資信託などであり，現金はこれらの有価証券と区別されている。また「商品券類」は交換手段ではあるが，使用できる範囲（店舗や商品など）が限定され，現金とまったく同等ではない。また，貯蓄は日常生活において，預貯金の形で貯めることを意味することが多いが，金融的，物的な資産の貯えを含む。

6） 農家の場合，事業体（農業）と生活体（家計）が一体となった組織体であるとの認識により，すべての資産と負債は母体経済に属するものとの設定であり，金融資産については事業体と生活体に区分されていない。
大槻正男「（附）農業簿記の理論構造」『農業経営学の基礎概念』養賢堂，1954年，350～393頁。

7） 総務省の「家計調査」では，国民経済計算を考慮し，モノは1980年度より耐久財（durable goods，1年以上の耐久で比較的高価な財），半耐久財（semi-durable goods，1年以上の耐久で比較的安価な財），非耐久財（non-durable goods，1年以内の耐久）に区分表示されるようになった。

8） 総務省の「家計調査」では収支項目の分類は用途別であるため，同じモノであっても用途によっては資産扱い（実支出以外の支払い）となる場合がある。

9） 農業会計の分野では生産用の大動植物は資産として扱われる。

10） 松平友子「第4章　複式簿記による家計簿記の私案」『家計簿記論（再訂増補版）』高陵社書店，1964，103～158頁。

11） 家庭における財産は次のように「資本」と称されることがある。

家計資本（household capital）；Andrews, B., *Economics of the household*, The Macmillan Company, New York, p. 121 1932

家族資本（family capital）；Nickell, P., Dorsy, J. and Budolfson, M., *Management in Family Living*, John Wiley & Sons, New York, p. 242 1959

使用資本（gebrauchskapital）；カール・メンガー，八木紀一郎・中村友太郎・中島芳郎訳『一般理論経済学』みすず書房，1982，132頁。

消費資本（consumption capital）；Marshall, A., *Principles of Economics*, Macmillan, p. 75 1920

12）　黒澤　清「第3章　§2コメンダとその会計」『近代会計学』春秋社，1964年，31〜32頁。

13）　今井光映「第一章　家政会計諸表の原理」『家政会計論』家政教育社，1965年，36〜40頁。

14）　企業の純資産は会社法の改正によって［資産−負債］として定義されるようになったが，これには「資本」概念が内在している。因みに，かつて，総務省統計局による家計調査上の「用語の説明」に「純資産」という表現があった。
企業会計基準委員会　企業会計基準第5号「貸借対照表の純資産の部の表示に関する会計基準」，2007（平成17年）

15）　武田隆二「財産比較」神戸大学会計学研究室編『第六版　会計学辞典』同文舘，2006年年，490頁。

16）　野田晃子「家計簿の研究」JICP『公認会計士制度創設40周年記念論文』403号，74〜86頁，1989年。

補論4　家族員の法定財産関係

　営利，非営利を問わず，法人格を有する組織の場合，その財産を含めた会計事項はその設立時においても，またその後においても商法や会社法などによって定められている。このため，法人組織の会計においては以下に述べるような問題は生じない。

　ところが，家庭という組織体は日常生活を共同的に営む自然人の集合体，結合体であり，特段，その会計に関わる事項までも法律によって定められている訳ではない。したがって，家庭会計の場合，会計単位の設定をどのように設定するかは各家庭の会計に対する基本的な考え方，あるいは家族員間の約束次第である。とは言え，家庭は民法，戸籍法，住民基本台帳法など，法的な実体と無関係でもない。特に，民法上，家族員，つまり夫婦，親子の間における財産の帰属関係が定められている。以下，個計的な経済管理の会計単位を念頭にして家族員の間における民法上の財産関係を検討すれば，以下の通りである。

（1）夫婦間の財産

　通常，夫婦は婚姻前，婚姻中，借入金も含めた財産を有し，これを生活の基盤としているはずである。負の財産，つまり借入金も含め，法律上，夫婦間における財産の帰属関係は次のように定められている。

　第一に，民法上の夫婦財産制は夫婦別産制が原則である。すなわち，同法762条の一項は「夫婦の一方が婚姻前から有する財産及び婚姻中自己の名で得た財産は，その特有財産とする」である。この条文は財産の帰属関係が婚姻によって影響を受けず，特有財産といえども，これはあくまでもその取得者の個人所有の財産であると解される。また，同法は特有財産の管理について特に定めていないが，特有財産は夫婦いずれかの所有名義人の管理の下にあるものと考えられる。このように夫婦間の財産関係は帰属，管理ともに夫婦別産制である。ただし，同条の二項は「夫婦のいずれに属するか明らかでない財産は，その共有に属するものと推定する」であり，推定という規定ではあるが，このよ

うな財産については共有財産制であるとも言えよう。

第二に，夫婦の間において，その財産の帰属，管理関係は婚姻届を提出する前に当事者の自由な意志によって登記することができる（同法756条）。つまり，法定財産制と異なる契約が可能である。例えば，夫婦が持ち寄ろうとする財産の全部または一部を個人所有，あるいは共同所有として登記することが可能である。これは夫婦財産契約制であるが，契約締結後の夫婦財産関係の変更は禁止され，また管理者の変更は家庭裁判所へ請求しなければならない。因みに，この登記は，法的手続きの煩わしさのためか，ほとんど行われていないのが現状のようである。

第三に，財産には負の財産，つまり債務も含み，同法で言う夫婦財産制の「財産」もこれに従っているものと理解される。したがって，婚姻前の債務は婚姻によって影響されず，夫婦別産制であるものとも考えられる。しかし，婚姻中の日常家事債務については夫婦の連帯責任（債務の共有，共同管理）である（同法761条）。ただ，同条は「第三者に対して責に任じない旨を予告した場合は，この限りでない」とし，日常家事債務についても，付帯的な条文ながら，夫婦別産制の考え方が見られる。

（2）親子間の財産

財産が親子関係において問題となることがある。それは未成年の子に帰属する財産が存在する場合である。例えば，未成年の子が財産を持つケースとしては，小遣い銭，お年玉，アルバイト代などを原資とする預貯金，あるいは贈与や相続に起因する株式や土地などの財産がある場合である。当然，民法上，このような財産についての管理権，法律行為は親権者にある。すなわち，同法824条は「親権を行うものは，子の財産を管理し，又，その財産に関する法律行為について子を代表する」であり，また，同条の「ただし書き」はその子の「債務を生ずべき場合には，本人の同意を得なければならない」である。さらに，子が成人に達した時は，親権者は速やかに「財産管理の計算（財産収益と財産管理費，養育費などとの相殺）」をしなければならない（同法828条）。なお，「第三者が子に無償で与えた財産」についての管理は親権者にあるとは必ずし

も限らないことがある（同法830条）。

　以上，「個計的経済管理の会計単位」を想定し，かつ，上記のような法定財産関係を遵守した場合，各会計単位における財産計算は面倒な計算となる。家庭会計はあくまでも家庭内部における会計であって，必ずしも家族員間の法定財産関係通りではなくても，生活実態にあった会計単位の設定が重要である。

第 3 章

所 得 計 算

繰り返しになるが，勤労者家庭の生活は主に給与所得で賄われ，給与は雇い主から与えられるものであり，一個人としての社員（勤労者）の裁量によって上げ下げできるものではない。つまり，所得は家庭にとって与件的である。このためか，家庭経営論ばかりでなく，家庭会計論の分野においても「消費」が重要視され，所得についての議論はそれほど多くない。しかし，所得計算についての問題がまったくないという訳でもない。日常生活上，自給自足を基本とする時代には現物所得が強く意識されたであろう。しかし，市場経済が発達するに伴い，現物所得は貨幣所得に置き換わり，貨幣所得が次第に日常生活において意識されるようになってきたと言っても過言ではない。今や，貨幣所得のない生活は到底考えられ得ない。以下，家庭会計の立場から所得計算の問題について述べる。まずは，家庭会計における「所得」とはどのような概念であろうか。

1 家庭会計上の所得

　所得概念にはマクロ経済の立場からの所得論と，ミクロ経済，特に租税論の立場からの所得論がある。

（1）国 民 所 得

　マクロ経済論における「国民所得」とは一定の期間内に生み出された付加価値総額（純生産額）のことである。この総額は生産，分配，支出の各側面において同額であり，国民所得の三面等価の法則（生産額＝分配額＝支出額）が成立する。[3] ここで重要なことは分配の側面から捉えた分配国民所得である。

　付加価値総額は各生産要素の提供者に対して賃金，利子，配当，家賃，地代などの形で分配される。これらは総称して「生産要素所得（以下，要素所得と言う）」と称され，勤労者家庭が受入れる所得の大部分はこの内の賃金で占められる。しかし，現実の家庭はこのような要素所得や公的年金などの移転所得ばかりでなく，これ以外の所得を受入れることがある。例えば，保有する株式を売却し，買い値以上の値で売れることもある。つまり，家庭会計上の所得を要素所得，移転所得のみをもって「所得」とすることはできない。

（2）純財産増加

　租税論上，所得についての考え方は大別して二つの考え方がある。その一つは継続的，周期的に受け入れられる賃金，利子，配当，家賃，地代などをもって所得とする考え方である。他の一つはこれらに一時的，偶発的な利得をも含めて所得とする考え方である。[4] 前者は所得の源泉を，市場交換を前提とした生産活動の成果に求め，純生産からの分配分，つまり，上記の要素所得をもって課税上の所得とする考え方である。この考え方は様々な形で受入れられる収入の内，要素所得に制限しているため，「制限的所得概念」と称され，時に所得の源泉説，周期説とも称されることがある。

　しかし，家庭には必ずしも生産活動に所得の源泉を直接的に求めることので

きない受入れもある。それは祝金をはじめ，見舞金，香典，資産売却益，保険差益，借入金の免除益，当選金，懸賞金，拾得金などの受入れである。これらは明らかに家庭が提供した生産要素に対する報酬ではないが，金融的，物的な形で新たに正味財産を増加させることになり，現在もしくは将来のいずれかの時点で欲求充足に貢献するはずである。このような受入れも含めて所得とする考え方が「包括的所得概念」である。この概念は「純財産増加説」または「純資産増加説」とも称され，シャンツ（G. Schanz）に代表される[5]。この説の概要は以下の通りである。

　シャンツは「ある人が，従来の財産を減少させることなく，それについて処分しうるようなものとして，ある期間内にその人に流入したものを認識させるような概念，…中略…この概念が所得である」とし，「この概念は……一定期間の純財産の増加として示される」とした[6]。これがシャンツの言う純財産増加説である。この「処分しうるようなもの」とは明日以降の生活のための元手となることを意味し，また，「純財産の増加」とは欲求充足のために処分されるであろう部分であり，消費分を支払う前の部分である。純財産増加説はこの増加分をもって所得とする考え方である。つまり，正味財産を増加させる受入れが所得である。

　純財産増加説は上記のように個別経済体の所得を財産面から捉えようとする考え方である。したがって，個別経済体である家庭の所得を網羅的に計算するためには，制限的よりも包括的な概念，つまり，純財産増加説が適切である。この説に従って家庭会計上の所得を概念付ければ，所得とは「正味財産の増加要因となる受入れ」のことである。本書の所得もこのような財産増加説に従う概念である。なお，相続，高額な受贈は正味財産への「元入れ」としても考えられるが，本書では，このような受け入れも所得としての認識である。

2　非所得性の受入れ

　実質的所得または非貨幣的所得（real income or nonmoney income）という概念がある。これは「欲求を充足すること」，「満足を得ること」を広く所得とす

る考え方である。この考え方に従えば，現物や通貨による受入れでなくても，欲求充足に貢献するような受入れはすべて所得ということになる。会計上，問題はこの実質的所得をどのように捉えるかである。また，ポイントサービス，割引きサービスを所得として捉えるか，否かの問題もある。

（1）社会的所得

　社会的所得（social income）とは個人，家庭が国家，地方自治体，公共団体などが設置し，運営する社会的施設や設備などから何らかの便益を受けることである。例えば，それは公道港湾，公園，教育施設，病院，図書館，博物館，警察署，消防署，役所などから直接的，間接的に受ける便益である[7]。今日，これらの便益は，生活上，必要かつ不可欠である。しかし，便益を受入れたからといって，利用した家庭の正味財産が増加する訳ではない。したがって，前節で述べた家庭会計上の所得概念に従えば，当然，このような社会的所得は家庭会計上の所得とはならない。

（2）自給的所得

　自給的所得とは自家消費の目的で家庭の内部で生み出されたモノ・サービスのことである。今日，家事労働の外部化と言われながらも，依然として家庭内の生産的活動は存在し，今後も存在し続けるものと考えられる。購入されたモノ・サービスの中にはそれ自体が直接欲求充足に貢献する場合もあるが，家庭内で一定の作業を必要とする場合もある。この作業は家庭内生産または非市場生産（household production, nonmarket production）と言われるが，自給的所得は家庭内で付加された価値であり，この価値が欲求充足に貢献する限り，貨幣形態ではないものの，実質的な所得である。例えば，家庭における子育て，教育，介護，掃除，洗濯，修繕，加工・調理などのサービスや自家菜園，花壇からの野菜や花などの生産物である。欲求充足に貢献するという意味において，これらは自給であれ，購入であれ，本質的には変わるところがない。したがって，家庭内生産による付加価値部分を所得として捉え，これを機会費用（opportunity cost）で評価しようとする考え方が成立する。しかし，仮に，これらを所得

として計算したところで，これらは消費と必ず相殺される。むしろ家庭内生産は消費活動そのものとして捉えるべきであり，自給生産物を敢えて家庭会計上の所得とする積極的な理由はない。ただし，マクロ経済的には自給生産を所得として計算し，これが国内総所得，総生産に対してどの程度の割合であるかの分析は経済成長との関連から重要である[8]。

（3）ポイントサービス等

　ポイントサービスにはいくつかのタイプがあるが[9]，この種のサービスの受入れは，日常，それほど珍しいことではなく，反復的に繰り返される。これの捉え方には次の二通りが考えられる。その一つは「所得」として，その二つは「値引き」としての捉え方である。例えば，売り値1,000円の食料品を購入し，その内，700円を現金で支払い，残り300円をこれまでに貯めたポイントで支払ったとする。その一つの場合，まず，300円の所得があり，この所得と現金700円で購入したかのように認識するため，消費額としては1,000円となる。これに対して，その二つの場合，ポイントによる値引き後の700円だけの消費額となる。極端な場合，購入の全額をポイント利用で支払えば，会計上，消費は発生しないことになる。本書では，会計の簡便性を重視して，後者のポイントサービスは所得ではなく，単なる値引きとして捉え，会計上の取引とはしない。ただし，ポイントサービスが現金または指定景品（1点1円の換算）と交換できる場合は所得の発生と見なす。この場合の所得の発生時点はポイントを取得した時点ではなく，ポイントで商品を取得した時点である。つまり，ポイントの資産性が認められないため，消費と所得が同時に発生したものとみなすことである。

　また，割引券，クーポン券，優待割引券などによる割引きがある。これらは売り手側の販売戦略上の都合であって，買い手側としては単なるメーカ希望小売価格または標準価格よりも安く買っただけのことである。したがって，この種の割引きも，需要理論上，心理的な「消費者余剰」ではあるが，会計上の所得とはならない。

第3章 所得計算

3 所得勘定の設定

所得の安定性は家庭生活にとって重要である。したがって，本書ではこの観点から所得を「通常所得」と「特別所得」とに区分する。なお，この区分は総務省の家計調査における「経常収入」と「特別収入」の区分と必ずしも一致するとは限らない。また，所得の内容をいかに区分するかは第6章で述べる「勘定科目」の設定と同義である。

（1）通 常 所 得

通常所得とは安定的に，つまり，反復的または定期的に受け入れる所得のことであり，これは要素所得と移転所得とから成る。具体的な要素所得としては賃金，配当，受取利子，家賃，地代など，移転所得としては公的年金[10]，仕受け金などである。

① 要 素 所 得

賃金は給与，給料，月給，俸給などとも称され，通常，これには本給以外に諸々の手当が含まれる。例えば，扶養手当，管理職手当，地域手当，住居手当，通勤手当，単身赴任手当，特殊勤務手当，超過勤務手当，奨励手当，宿日直手当，休日手当，夜勤手当，期末手当，勤勉手当，賞与等々である。どのような手当であれ，これらは生活給であり，賃金は決して本給または基本給のみではない[11]。また，受取利子，家賃，地代も所定の契約に基づいて定期的に受け入れられる所得である。ただ，株式や信託などの配当金，分配金については各期によって異なり，期によっては無配当，無分配も想定され，必ずしもその定期性や安定性が保証されている訳ではないが，本書では，一応，通常所得とする。

② 移 転 所 得

公的年金や定期的な公的生活支援金は移転所得であると同時に，通常所得である。ただし，所定の年齢以降，現役時に「年金」と称して積立てた預貯金か

77

らの定期的な受入れは所得ではない。これは単なる預貯金の定期的な引出しに過ぎない。

③ ポイントサービス

前節で現金または指定景品と交換できるポイント制の場合に限り，取得したポイントを所得と見なすとしてきた。この種の所得は次の特別所得とも考えられるが，ここでは，ポイント利用の日常化に鑑み，一応，通常所得とする。

（2）特別所得

特別所得とは原則として反復性，再現性に乏しい一時的，偶発的な受け入れである。具体的には退職金，一時的社会保障給付金，祝金，香典，当選金，拾得金，資産売却差益，保険差益，借入金の減免・免除益などである。

① 退職金

退職金（退職慰労金）はある意味で賃金の後払いでもあるが，その計算の方法や支払い方などは会社などによって様々である。通常，退職金はその再現性がなく，一過性の受入れである。したがって，退職金は特別所得である。

② 一時的社会保障給付金

各種の共済組合法，健康保険法，生活保護法，雇用保険法などによる社会保障制度上の給付金，扶助金は原則として特別所得である。ただし，保険者が保険契約者でなく，保険金請求者に給付金が直接支払われる場合は保険契約者の所得ではない。例えば，国民健康保険の場合，その給付金は保険契約者ではなく，開業医や医療機関に支払われる。

③ 受贈（祝金，香典）

祝金，香典は現金での受贈であり，日常生活上，それほど珍しいことではない。しかし，これらの贈与は贈り主の気持ち次第であり，その再現性，反復性は乏しい。したがって，祝金，香典は特別所得である。なお，中元と歳暮は現

第3章　所得計算

物としての所得であるが，会計上の評価額が困難である。会計の客観性の観点から評価問題をできるだけ避ける必要がある。このため，本書では，中元，歳暮の受贈は会計上の取引としない。現物による「お祝い」も同様である。

④　当選金，拾得金

　当選金，拾得金は一過性，偶発的な受入れである。一度，「宝くじ」に当選したからといって，再び買った「宝くじ」が当選する保証はどこにもない。拾得金も同様である。当然，当選金，拾得金は特別所得である。

⑤　資産売却差益，保険差益

　株式，信託，自動車，土地などの資産を売却した場合，資産の売却額がその取得額または帳簿額を越える差額分［（売却額－帳簿額）＞0］は資産売却差益であり，この差益は特別所得である。また，火災，雪害，地震などの災害保険の保険差益［（受取保険金－修繕・復旧費）＞0］も同様に特別所得である。

⑥　資産評価益

　資産は取得原価による評価が原則であるが，時に評価替えを要する場合がある。評価額が取得額または帳簿額を越える差額分［（評価額－帳簿額）＞0］は評価益である。これを費得計算と財産計算の整合性の観点から特別所得とする必要がある。

⑦　借入金の減免・免除益

　家庭生活においても借入金の減免，免除がなきにもあらずである。例えば，親と子が独立した会計単位である場合で，子が親から住宅建築資金などを借り入れることがある。このような場合，親が子の債務を減免または免除することもあり得る。この減免・免除益は特別所得である。

　以上のような所得についての区分・勘定科目，及びその内容は表3-1の通りである。なお，勘定科目の意味については第6章で述べる。

79

表 3-1　所得勘定科目の設定例

区分	勘定科目	科目の内訳
通常所得	給与	本給，諸手当（超勤，扶養，地域，住居，通勤，特殊勤務など）
	資産運用	配当金，分配金，受取利子，家賃，地代など
	年金	国民年金，厚生年金，共済年金，企業年金など
	その他	ポイントサービス（現金，景品に交換可能なポイントに限る）
特別所得		退職金，社会保障給付金，受贈（祝金，香典），当選金，拾得金，資産売却差益，資産評価益，保険差益，借入金の減免・免除益など

4　所得の計上時点

　所得発生の認識時点の問題，つまり所得をいかなる時点で計上するかの問題がある。以下，この問題について述べる。

（1）通常所得の計上

　通常所得とは上記のように正味財産を反復的，定期的に増加させる受入れのことである。このような所得，例えば，月給や年金を現金の受入れ日または預貯金口座への振込み日をもって計上しても特段の問題はない。しかし，検討すべき問題がなきにしもあらずである。

① 配当，利子，家賃，地代

　第1章で述べたように，家庭は労働ばかりでなく，資本や土地の直接，間接の提供者でもあり，その報酬としての配当金，利子，家賃，地代を受け入れている家庭もある。これらは一定の期間に対する報酬であるが，通常，契約期間と会計期間の日付が異なることが多い。問題点はこれらの報酬を当期に属する分と，次期または次期以降に属する分とに分けて計上するか否かである。

　例えば，図3-1は会計期間が1月1日～12月31日であり，今期の6月1日に1カ年定期貯金を預け入れ，次期の6月1日付で利子1,200円の振込を受けた例である。利子は，日々，発生しているはずである。したがって，この1ヶ

年間の利子1,200円の期間対応は今期7ヶ月分の利子700円と,次期5ヶ月分の利子500円である。つまり,今期,次期の所得分はそれぞれ700円,500円である。この場合,会計上,厳密には今期分の利子700円は今期の期末に未収金として計上し,次期6月1日に払い込まれた1,200円のうちの700円はこの未収金の回収として計上する必要がある。この1ヶ年定期貯金を,当分の間,自動継続するとすれば,その会計上の手続きはこの繰り返しとなる。しかし,このように計上したとしても,その実益は少なく,労多くして益なしである。したがって,利子についての計上時点は受領日または振込日とし,この振込日の属する会計期の所得として計上しても大きな不都合は生じない。このことは家賃,地代,配当金についても同様である。

図3-1　会計期間と契約期間のズレ

② ポイントサービス

前節において,ポイントサービスの受入れには所得と見なす場合があるとしてきたが,このサービスを所得として計上する時点は現金または景品に交換した時である。購入の時に得るポイントは単なるポイントの取得に過ぎず,会計上の取引とはならない。もし,ポイントを取得した時点で計上するものとすれば,それは所得ではなく,「資産」としての計上である。しかし,ポイントには譲渡性も通貨のような社会的通用性もない。ポイントは単なる紙上,電子媒体上の数値に過ぎない。会計上,これを資産とすることはできない。

(2) 特別所得の計上

特別所得の計上時点についても通常所得と同様に受領日または振込日である

が，拾得金（高価な拾得物を含む）の計上については法律で定められた期日である。つまり，所定の期日までに落とし主が現れない場合，法律上，この期日は拾得金の所有権が確定する日である。また，資産売却益は売却代金を得た時点，保険差益は保険金を受領した時点が計上時点である。さらに，資産評価益は資産を評価替えした時点，借入金の減免，免除益は契約変更した時点が計上時点である。なお，資産の評価益と借入金の減免，免除益は実際に現金や預貯金の形で受入れることではなく，財産計算と費得計算の整合性をとるための会計処理である。

要　約

　以上，家庭会計上の所得の問題について述べてきたが，これを要約すれば次の通りである。

　第一に，所得概念は国民経済計算論，社会会計論，国民所得論，租税論などの立場によって異なり，また，所得と称されながらも，その客観的な貨幣測定が不可能な所得概念もある。そこで，家庭会計における「所得」とは何かを明確にする必要がある。本書における所得とは「正味財産を増加させる要因としての受入れ」のことである。

　第二に，所得はその反復性，定期性，偶発性，一過性などの観点から「通常所得」と「特別所得」に大別できる。通常所得とは月給，ボーナス，配当，利子，地代，家賃などの生産要素所得である。一般的な勤労者家庭ではこのような要素所得が，また，高齢者家庭では移転所得である年金等が主な生活財源である。一方，勤労者，高齢者を問わず，通常所得ばかりでなく，退職金，社会保障給付金，祝金，香典，当選金，拾得金，資産売却益，保険差益などの特別所得もある。

　第三に，所得の計上は原則として現金の受領日または銀行口座への振込日であり，所得性のあるポイントサービスについてはポイントを取得した時点ではなく，ポイントを現金または景品に交換した時点である。

第3章 参考文献・注

1) アダム・スミスは『国富論』（1776年初版）において revenue（収益，収入）が多用されているが，income（所得）という表現は数カ所であり，索引にも記載されていない。つまり，彼自身は要素所得に関心をもっていたであろうが，当時のイギリス社会においては income は今日ほど一般化された用語ではなかったものと推察される。

2) 所得，消費という用語は大正期の家政関係の著作にも見受けられる。例えば，「簿記法を用ゐるときは，一家の収入，消費の金額，及び其の使途，常に明瞭にして，且之を比較・對照する事を得るが故に，自ら冗費を慎しみ，金銭利用の道をも考ふる事を得べし。且簿記法は，金銭を鄭重に取扱ふ所以の法なれば，主婦たる者，家長の所得を預りて，之を適当に使用し，其の責任を明かにせんには，此の法依るを以て最も便利なりとす。」また，巻末の家計簿記の記載例では，この「家長の所得」とは「俸給」「貸家料」「利子」「雑入」であり，要素所得が想定されている。
佐方志保・後閑菊野「第8章 家計の整理」『近世家事教科書下巻』目黒書店，成美堂，1924年，107～119頁。

3) 日本の国民所得は1993年度（平成5年度）から国連基準（属人主義から属地主義への変更）に従い「国民」から「国内」における総所得，総生産が計算されるようになり，それまでの国民総所得，国民総生産は使用されなくなった。今日，単に国民所得といえば，それは国内総所得（GDI）または国内総生産（GDP）を意味する。

4) 吉田克己「第3章 所得課税（1）」『現代租税論の展開』八千代出版，2012年，53～72頁。

5) 武田隆二氏によれば「シャンツの理論はヘルマンやシュモラーの定義の拡張・修正の上に築かれたもの」とされる。
武田隆二「第2章 所得概念論争」『所得会計の理論』同文舘，1970年，9～26頁。

6) 5）上掲書「第3章 包括的所得概念論」，31～38頁

7) P. Nickell, J. Dorsey, M. Budolfson, "Part3 Family Finance Management," *Management in Family Living*, John Wiley & Sons, New York, London, 1959, pp. 211-214.

8) B. アンドリュウスはこの実質的な所得（収入）を概念的に家事労働所得，家計資本所得，家庭管理所得の三つに区分したが，山内豊二氏もこれに従って，前二者を一般的な家政婦の労働市場価格，賃貸市場価格でもって，それぞれ評価される。しかし，もう一つの家庭管理所得は「家庭管理の機能に対する報酬こ相当する」とされるだけであって，その具体的な評価方法は説明されず，また，このような実質的所得と消費との関係についても論じられていない。
B. Andrews, "Chapter 2 Household Income," *Economics of the Household*, The MacMillan Company, New York, 1932, pp. 33-73.
山内豊二「第1章 家計と所得」『家庭経済学』明文書房，1972年，26～29頁。

9) 通常，1ポイント1円の換算であるが，ポイントの仕組みは各社によって異なる。例えば，700ポイントの場合，現金700円と交換できるポイント制，該当店での買い物総額のうち，700円分を支払うことができるポイント制（釣り銭なし），700円の該当店の商品券に交換できるポイント制，700円相当の景品と交換できるポイント制，利用期限を限定してあるポイント制，及びこれらの組み合わせである。もし，会計上，ポイントサービスを非所得とするならば，所得のみならず，消費をも過小となる。

10) 年金制度にも種々のタイプがあり，積立型による年金受給は積立金からの引出し金であって，所得ではない。

11) 賃金は基本賃金（または基本給）に諸手当を加算して支払われ，消費生活の金銭的財源の大部分である。したがって，諸手当を含む賃金を「生活給」として理解する必要がある。つまり，基本給＋諸手当＝労働所得（生活給）である。
笹島芳雄「生活給——生活給の源流と発展」『日本労働研究雑誌』No.609，42〜45頁，2011年。

補論5　消費型所得概念

　人間は肉体的，精神的な諸々の欲求を何らかの形で充足しながら日々の生活を営んでいる。空腹は食べ物によって，寒さや暑さは着る物や家屋などによって，情緒・情操は楽器や絵画などによって充足される。このような食べ物，着る物，家屋，楽器，絵画などは絶え間なく生ずる欲求を充足するために生産される。決してこれらを生産することそれ自体が究極の目的ではない。市場交換経済という今日の社会構造のもとでは，生産から所得へ，所得から消費へという経済的な事象はそれぞれ不可分の関係にある。フイシャー（I. Fisher）は所得の最終段階について次のように述べている[1]。

　フイシャーは「食べ物に含まれている栄養，家屋の持っている保護・保安機能，あるいは楽器から流れ出る音楽，等々が身体の神経組織に刺激することをもって所得の最終段階である」とする。「モノ」や「お金」という段階における客観的所得（objective income）は最終的には人間の欲求充足という主観的所得（subjective income）に変わり，生産物はこの段階において消滅するということである。また，フイシャーは最終的な段階における所得を心理的所得（psychic income）とも呼んでいるが，この心理的所得を広く解釈すれば，人間の欲求を充足せしめるすべては所得という概念に包含されることになる。例えば，満月の輝きも，太陽の注ぐ光・エネルギーも神経組織に刺激を与え，何らかの形で欲求充足に作用している。この限りにおいて所得ということになる。

補論6　貨幣的所得概念

　所得の本質は財貨・サービスから得られる効用もしくは満足のことであるが，これを実現可能にする経済価値を「貨幣的所得」または単に「所得」とも称される。マーシャル（A. Marshall）は所得について次のように述べている[2]。

　すなわち，彼は「理論的には虹の美しさ，新鮮な朝の空気の心地よい漂いも快楽の源であり，これも所得に入れるべきである。しかし，これを算入しても

実益がないため，算入しないことにする」としている。太陽の光・エネルギー，空気，水などは我々に一定の恵みを与えていることは紛れもない事実である。しかし，これらは自然そのものであり，人間が何ら手を加えて意図的につくり出したものではなく，また人間の欲求量，必要量に対して無限である。他方，例えば，食べ物を例にすれば，それ自体（動物・植物）は自然界の存在そのものであるが，何らかの方法で人間が自然界に働きかけて得られるものであり，かつ人間の欲求量に対して有限量である。

　この「働きかけること（労働）」及び「有限量であること（希少性）」は経済事象たらしめる根源であるが，何もかもが経済事象であるとは限らない。同様にして，家庭会計においても欲求充足に貢献する一切の事象が所得の対象とはならない。欲求充足に貢献するからといって，経済価値に置き換えられないような事象までも会計の対象としたとしても意味がなく，正にマーシャルの言う通りである。

　今日の家庭生活は生産活動への参加から得られる所得によって財貨・サービスを市場から購入し，これを消費してはじめて欲求が充足されるという社会構造のもとに成り立っている。この構造の中で，消費は生産に劣らず重要な経済的事象であり，所得と消費とは車の両輪のようなものであり，また，この意味での所得の終着点は消費でもある。[3] つまり，消費の目的は不断にして多様な欲求を充足するためである。この時，得られる充足感や満足感は計測不可能な主観的価値概念であり，これが心理的所得である。市場交換における生産，所得，消費の経済的事象と心理的事象を関連付けるならば，生産は貨幣所得を生み出し，消費はこの所得を元手にして行われ，欲求は消費することによって充足される。したがって，家庭会計上，所得は消費の元手であり，この消費が欲求を充足させる。因みに，租税論において，消費することによって満足が得られることが所得であり，消費に所得税を課す考え方がある。[4] 上記のフイシャーもこの考え方の論者である。

補論　注

1 ）　I. Fisher, "Chapter X Psychic Income," *The Nature of Capital and Income*, The

MacMillan Company, New York, 1923, pp. 165-179.

2)　A. Marshall, "IV Income," *Capital Principles of Economics 8th*, 1920, p. 76

3)　G. Edward Philip, "The Accretion Concept of Income," *The Accounting Review*, XXX Ⅷ No. 1, pp. 14-25, 1963.

4)　吉田克己「第 7 章　租税体系論の動向　第 2 節　支出税論」『現代租税論の展開』 八千代出版, 2012年, 131〜134頁。

第4章

消費計算

家庭経営上，消費は所得とは異なった重要な意味がある。第3章でも述べたように一般勤労者の場合，所得の大部分は契約による労働所得で占められ，この所得は与件的な色彩が濃い。ところが，消費については何を購入するかは基本的には自己の意思決定に基づいて行われ，裁量的，非与件的である。この意思決定は欲求充足の過程，いわゆるモノ・サービスの購入選択という一連の消費過程における決定である。また，この決定は現在のみばかりでなく，将来の消費（貯え）と過去の消費（借入金）という消費についての時間的な配分決定でもある。つまり，与えられた所得をもって現在の消費としてどれだけを購入し支出するか，将来の消費のためにどれだけを貯えるか，過去の消費の清算のためにどれだけを今期に返済するか，現在もしくは将来の消費のためにどれだけを借金するか等々，これらは経営上の重要な意思決定の問題である。[1) 消費に関わる意思決定は様々な情報に基づいて行われるが，家庭内部の会計情報も重要である。この意味において，一元的経済管理であろうと，個計的経済管理であろうと，家庭会計における中心的な関心事は消費にあるといっても過言ではない。消費計算の目的は消費活動の意思決定に関わる会計情報を提供することである。以下，会計上の消費の問題について述べる。

第4章 消費計算

1 消費の意味

消費の最も基本的な意味としては単に「モノ」を物理的に消滅または消耗することであり，社会通念上もこの意味で使用されることが多い。しかし，経済事象としての消費は次の二つの事柄が大前提となっている。まず，消費は必ず人間との関わりを前提とした概念であり，人間不在の消費は到底考えられ得ない。この「関わり」とは誰が何のためにモノ・サービスを消費せしめるのかという関わりである。次に，それが交換価値であるにせよ，使用価値であるにせよ，消費は経済的な価値を前提とした概念である。この二つの前提は自給自足的な社会のもとではさして問題にならないであろうが，交換経済であるが故に消費の基本的かつ重要な前提である。家庭会計における消費の問題を論ずる前に，今少し，消費の一般的な意味について吟味する。

（1）消費の経済的意味

消費を「誰が何のために」という観点から見るならば，生産主体と消費主体とが分離独立した社会構造のもとでは等しく消費といっても次の二つの意味がある。すなわち，生産者による生産のためのモノ・サービスの消費と，消費者による生活のためのモノ・サービスの消費という二通りの意味である。生産者が新たな生産物を創り出すために，原料，材料，水道光熱，機械設備，建物などを使用，消耗させることは前者の消費であり，この場合の消費は「生産費」「費用」「原価」，時に「費消」とも称される。一方，消費者が生活のために，衣服，食べ物，住宅などを使用，消耗させることは後者の消費である。

このような消費をさらに深化するならば，生産者の「生産のために」とは利益追求のためであり，消費者の「生活のために」とは欲求充足のためである。しかも，今日，個々の経済主体間におけるモノ・サービスの交換は原則として通貨を媒介とする市場交換である。ここに，生産者の消費は新たなモノ・サービスを創出するための価値の犠牲を意味する。通常，この創出と犠牲との価値の差をもって利益と観念され，生産者の経済目的はこの利益を最大化すること

91

であり，金額で具体的に表示することができる。例えば，今期の売上高は〇〇，経費は△△，差引，□□の儲け，または損であったといった具合である。これに対して，消費者における消費は価値の犠牲 "Input" と同時に欲求充足への貢献 "Output" を意味し，その目的は最小の犠牲で最大の欲求充足を獲得することである。しかし，この価値の犠牲は金額によって表示できるが，欲求充足への貢献は金額で表示できない。これが消費者における経済的な側面での消費の意味であり，結局，消費者における消費には金額表示できる面と不可能な面を含んでいることになる。

　このような二通りの消費について，生産者における消費は生産的消費，消費者における消費は非生産的消費と呼ばれることもある。この区分は生産主体と消費主体が分離独立した社会構造であるためになされる。しかし，社会全体から見れば，生産的消費の最終着地点は非生産的消費である。決して生産のための生産ではない。確かに，生産者は利益追求を目的に生産活動を営むが，生産されたモノ・サービスは市場を通じて消費者に購入され，そこで欲求充足に貢献し，然る後にその使命を終えることになる。結局，生産活動の究極の目的は各人の欲求充足に辿り着くことになり，生産は欲求充足に貢献する限りにおいて，はじめて意義がある。もし，欲求充足に貢献しないようなモノ・サービスであれば，それは市場価格の形成において不利となり，いずれ生産されなくなる。このことは経済原論の示すところである。

　生産も含めた諸々の経済活動の終局の目的は個々人の欲求を充足することに求められるが，一般に経済上の消費といった場合，最終消費を意味する。消費者余剰，消費者主権，消費者行動，消費者金融，消費者教育，消費者保護といった場合の「消費者」は必ず市場からモノ・サービスを購入し消費する主体である。当然，生産者も市場からモノ・サービスを購入し，消費することに相違ないが，通常，この場合は単に消費とは言わずに「中間消費」と言われる。

（2）経済的消費欲求

　人間の欲求は広範多岐にわたり，購入という経済的行為を通じて充足される欲求もあれば，この行為に関係なく充足される欲求もある。例えば，食欲は食

べ物を購入し，これを食することによって充足される。他方，満月を見たいという欲求は，金銭を支払うことなく，ただ夜の空を見上げることによって満たされ，また，谷間を流れる冷水を飲みたいという欲求は単に素手で汲み飲むことによって充足される。今，前者を経済的消費欲求，後者を非済的消費欲求と称するが，会計上，前者の欲求が対象となる。なお，欲求充足には順序性またはプロセスがあるといわれ，この点については補論で述べる。

消費欲求 | 非経済的消費欲求；自由財を消費することによって充足される欲求
消費欲求 | 経済的消費欲求　；経済財を消費することによって充足される欲求

（3）正味財産の減少

　経済学上，単に消費といった場合には上記の「経済的消費欲求」を意味することが一般的である。しかし，個人または家庭会計を考える場合，もう一つの側面から消費を考える必要がある。それは正味財産の側面からである。

　購入したモノ・サービスを使用，利用すれば，欲求は充足されるものの，その対価が支出され，必ず正味財産が減少する。正に消費は所得の反対事象である。つまり，欲求はモノ・サービスを使用，利用することによって充足される一方で，正味財産を必ず減少せしめることになる。したがって，会計上の消費は正味財産を減少させる要因として概念付けることができる。

（4）消費活動

　通常，消費行動論やマーケット論における消費活動とは個人または家庭が店舗からモノ・サービスを購入する行為のことであり，そこでは，購入後，家庭内における生産的な諸活動はそれほど問題としていない。当然，消費活動には購入行為そのものも含まれるが，購入が直ちに欲求充足に直結するとは必ずしも限らない。もし，すべての人がすべてのサービスを提供するホテルで生活するような社会，あるいはすべての家事労働を雇用労働で賄って生活するような社会を想定するならば，正にサービスの購入だけが問題となり，次に見るような消費活動は不必要である。家庭内の消費活動の範囲，欲求充足，モノ・サー

ビスとの関係は次の通りである。

　家庭は，日々，モノ・サービスを市場から購入し，時にこれに手を加え，家族員の欲求を直接充足できるような形に変える活動を営んでいる。このような活動は経済成長に伴って少なくなる傾向にあるが，それでもなお，多くの家庭でこのような活動を営んでいるのが現実である。今，買い物をはじめ，家庭におけるこのような一切の活動または作業を消費活動とするならば，その具体的な内容は以下の通りである。

　　① 買い物をする活動

　　② 新たにモノを作る作業

　　③ モノを使用・利用しやすくする作業

　　④ モノの機能低下を回復する作業

　　⑤ サービスを与える作業

　上記のような活動，作業は家事作業または家事労働と一般に呼ばれる。この活動とモノ・サービスの関係を欲求充足を中心にして考察するならば，それは次の通りである。

　第一に，①の購買活動だけで，②から⑤の作業を必要とせず，欲求充足に直接的に作用するモノ・サービスがある。スナック菓子，既製服，家具類，玩具類，レジャー・娯楽サービスなどであり，これらは「購入し食べる」「購入し着る」「購入しセットする」「購入し遊ぶ」ということだけで，所定の欲求が充足される。

　第二に，②から⑤の作業を経てはじめて欲求充足に作用するモノ・サービスがある。米，野菜，魚貝，布地など一般に材料と呼ばれているものである。米はあくまでも食材料としての「米」であって，欲求充足に直接作用するのは炊かれた「ご飯」である。

　第三に，家事作業の補助的手段となるモノ・サービスがある。今日，家事作業といえども，それは手足を動かす単なる素手の作業だけではなく，そこには道具をはじめとし，高度な機械，設備などを使用しての作業である。これらを稼働させるためには電気，ガスなどの光熱源を必要とすることは言うまでもないが，この第三のモノ・サービスは究極の欲求充足に対して間接的に作用する

ものである。

　ここで留意すべきは家事作業と第二，第三のモノ・サービスと結合して，所定の欲求を充足する点である。上記のご飯を例にすれば，米は水，熱源，炊事器具などと家事作業とが結合してはじめてご飯という形になり，これが直接食欲求に作用するのである。今一つ，第三のモノ・サービスについてである。それは作業自体に喜びを感じることもあるが，作業には何らかの苦痛を伴うのが普通である。もし，そうであるとするならば，このような苦痛を多少なりとも軽減したい，家事作業を合理化したいとする欲求が生まれて当然である。つまり，第三のモノ・サービスはこの種の欲求充足にも作用している点である。電気掃除機や洗濯機などはこの典型例である。

　いずれにしても，従来，単に消費活動と言えば，それはモノ・サービスを購入する段階を主として意味し，購入が直ちに欲求充足に作用するものと見なす前提がある。確かに，ある種のモノ・サービスはこの通りである。しかし，購入されたモノ・サービスの内には家事作業を通じて，欲求充足に作用するものも少なくない。したがって，消費活動とは購入のみならず，上記のような家庭内における欲求充足に関わる一切の作業活動であるとして広く考える必要がある。

　上記を要約すれば，次の通りである。第一に，消費とは物的には「モノ」を消滅，消耗させることであるが，分業化された社会における経済的な意味での消費とは生産に対立する概念であり，モノ・サービスを市場から購入し，その価値を消滅させることである。第二に，消費の本質は人間の欲求を充足させることに求められるが，多様な人間の欲求のうち，購入という経済的行為を伴って充足される欲求が経済的消費欲求である。したがって，会計上の消費とは欲求充足に貢献するモノ・サービスを購入し，正味財産を減少させることである。第三に，消費活動とは購入したモノ・サービスを直接，欲求充足に作用する形に変える一切の諸活動である。このような活動は生産活動とし，その成果を第3章で述べた実質的所得として捉えることも可能である。しかし，これを評価し，所得として計算したとしても，これは一方において直ちに消費と相殺されることになり，これを敢えて計算する積極的な意味はない。もちろん，国民所

得論や経済論において，家庭内生産額がどの程度であるかの計算は 強 ち無意
味であるという訳ではない。

2 効用概念と消費額

本章の「はじめに」で家庭会計の中心的関心事は消費であり，また，第 1 章
では家庭は消費を通じて欲求を充足し，最大限の満足または効用（utility）を
得ようとする生活集団であるとした。以下，効用と消費額との関係はどのよう
であろうか。

そもそも「効用」は労働価値説に対する批判として誕生し，発展してきた概
念である。これには次の二つの説明の仕方がある。その一つはモノ・サービス
が人間の欲求を充足せしめる潜在的な能力（有用性）をもって効用とする説明
である。他の一つは人間の欲求がこのようなモノ・サービスの使用によって，
つまり消費活動を通じて受容される満足（satisfaction）を効用とする説明であ
る。前者はモノ・サービスの観点から，後者は人間の受容の観点からの説明で
ある。しかし，モノ・サービスの潜在能力と人間の受ける満足とは決して別個
の存在ではない。欲求充足の能力がモノ・サービスにあるが故に満足が感じら
れるのであり，逆に，満足を感じるが故にモノ・サービスに欲求充足の能力が
あるからである。モノ・サービスの欲求充足能力と満足とは常に等しく，モ
ノ・サービスの観点から見ても，人間の欲求充足の観点から見ても，効用の大
きさは同じである。

効用の大きさは次の三つの内容からなる。第一に，効用は消費量との関係に
おいて，はじめて定義される大きさである。ある大きさの消費量に対する，あ
る大きさの効用である。第二に，ある大きさの消費量は重さ，長さ，個数，体
積などの基数値で示すことができるが，消費から得られる効用の大きさは人に
よって千差万別であり，基数値として示すことができない。同じ一個のパンを
食しても，ある人は[5]という大きさの効用を得ているかもしれないし，他の
人は[3]という大きさの効用を得ているかもしれない。第三に，モノ・サービ
スの選択に際する効用は序列（序数）を示す大きさである。例えば，ある人が

A財とB財のいずれかを選択する際，その基準はA財の効用がB財のそれよりも大きいか，小さいかであり，この場合の効用は単に大小という序列を示すにとどまり，大きい方の財が選好される。要するに，効用の大きさは客観的な消費量に対する主観的な価値量であると同時に，モノ・サービスの選択に際しては序数量である。現在のところ，効用には万人に共通する客観的な基数値としての可測性は与えられていない。したがって，消費量，貨幣量による効用の直接的測定は不可能である。しかし，消費と効用の発生との間には一定の関係が一般に認められる。もし，この関係に着目するならば，選好理論における効用と会計上の消費額は次のように理解することができる。

　まず，効用と消費との関係についてであるが，いかなる場合においても，効用を得るためには，必ずモノ・サービスを消費する必要があり，消費の結果が効用であり，消費なき効用の発生はあり得ない。[6]このように消費と効用との間には消費が原因，効用がその結果という因果関係がある。これが第一の関係である。第二の関係は，消費の追加増分に対する効用の増分は減少するが（限界効用の逓減），消費する量が多くなればなるほど，総体としての効用（総効用）もそれに従って大きくなるという関係である。すなわち，原因としての消費量が大であれば，その結果としての効用も大であるということである。

　次に，上記のように個々のモノ・サービスの物量としての消費量はそれぞれの測定単位で客観的に計算することができるが，多様なモノ・サービスの全体としての消費量は異なる測定単位では計算することができない。例えば，リンゴジュース1.8リットルとリンゴ10個の加減乗除は無意味である。このことは効用関数 $[U = F (X_1, X_2, X_3, ……)]$ において，効用が一つの従属変数として，それぞれのモノ・サービスの消費量が多次元の独立変数として取り扱われる理由である。しかし，この独立変数を消費の物量ではなく，消費の金額として考えるならば，効用の大きさ $[U]$ は消費額 $[\Sigma X_i P_i$，P_i：価格$]$ に依存することになる。当然，この消費額は客観的な貨幣尺度によって一つの大きさとして測定可能である。

　したがって，消費と効用との関係は次のように理解できる。効用の大きさは基本的にはその発生原因である消費の物量に依存するところであるが，消費の

金額高にも，また依存するものと見なすことができる。言い換えれば，消費額は受けた効用の大きさを反映したものと理解できる。もちろん，消費額の大きさが直ちに効用の大きさそのものを意味するものではなく，それはあくまでも効用が依存する消費量の代弁値としての数値である。

3　消費勘定の設定

　消費の本質は先にも述べたように欲求充足に貢献することであり，会計上の消費とは正味財産を減少させることである。しかし，欲求充足に貢献しないにもかかわらず，正味財産が減少するような場合もあり得る。そこで，本書においては，正味財産を減少させ，欲求充足に貢献する消費と，正味財産は減少するが，欲求充足に貢献しない消費とに大別し，前者を「通常消費」，後者を「特別消費」と称することにする。なお，この区分は第3章で述べた所得の場合と同様に「勘定科目」の設定問題でもある。

（1）通 常 消 費

　通常消費とは多様な欲求を充足するために毎日，毎週，毎月，毎年のように繰り返し購入される消耗財やサービス，及び数年，十数年単位の間隔で繰り返し購入される耐久財を消費することである。このような消費は反復性のある消費である。今，このような通常消費の勘定科目の設定は生活分野別と用途別が考えられる。

① 生活分野別

　日々の生活はモノ・サービスを購入することによって成り立ち，しかも，この購入は様々な欲求を充足するためである。したがって，この意味において，欲求充足を基軸とした勘定科目の設定が論理的である。

　マズローの提唱する欲求5段階説（本章の補論7　欲求充足を参照）によれば，欲求は先ずは「生理的欲求」が充足され，次いで「安全欲求」「社会的欲求」「承認欲求」「自己実現欲求」の順に従って段階的に充足される。これらの欲求

は生活という観点からすれば、「生理的欲求」は食生活、「安全欲求」は衣生活と住生活、さらに「社会的欲求」「承認欲求」「自己実現欲求」は文化生活によって充足され、生活の基本要素は衣、食、住、文化の四つの分野からなる。

　　ⅰ）食生活

　生命を維持するためには、まず、食べ物、飲み物が必要である。今日、食事の仕方には外食（食堂、レストラン等、家庭外で食すること）、内食（家庭で水道光熱及び台所用品、電子レンジ、冷蔵庫などの調理機器類などを用いて食材を調理し、家庭内で食すること）、中食（調理済み食品を購入し、家庭内で食すること）に分けられる。このような食事の仕方は朝食、昼食、夕食によって各人各様であるが、食生活は食材、水道光熱、調理機器類、調理済み食品、外食などの購入支払いがあってはじめて成立する。

　　ⅱ）衣生活

　衣服（履物、帽子を含む）は暑さ、寒さ、害虫などから身体を護るために必要である。今日の衣生活は既製品の購入を基本としたものであり、衣服の機能は家庭内で水道光熱、洗濯機、ミシン、洗剤、縫い針、糸、防虫剤などを使用して維持されている。したがって、衣生活はクリーニング料も含め、これらの購入支払いがあって成立する。もちろん、衣服は身を護ることだけでなく、ファッション性、性別、職業、職種、地位などを示すことが多く、衣服には後述の文化的な要素が含まれる。

　　ⅲ）住生活

　住居は物理的に外界と隔離する建物であり、その機能は上記の衣服と同様に身の安全を確保することである。特に熊、猪、野犬、毒蛇などからの危害を回避する空間である。また、祭礼の間がある住居の場合、それは精神的な安らぎを得る空間でもある。つまり、住居は筆舌に尽くし難い「ほっとする」安堵の得られる生活空間である。当然、住居には照明器具、冷暖房具、給湯具などが設備され、また、建物には経年劣化による雨漏りや戸障子などの不具合が付きものである。したがって、住生活は水道光熱を含め、建物本体、外壁、付帯設備などの修繕や更新などの支払いがあって成立する。なお、「庭または庭園」は次ぎに述べる文化生活に含めることも出来るが、ここでは、住空間の一部と

して理解する。

　iv）文化生活

　生活には上記の衣食住だけではなく，文化的な側面が多々含まれる。日本国憲法は国民に「健康で文化的な最低限度の生活」を保障し，条文中の「健康」は上記の衣食住の生活が満たされて達成される。しかし，問題は「文化的な最低限度の生活」とは何かである。「文化」概念は多様であるが，最も広義には人間が作り出した有形，無形の一切のことである。では，この憲法が公布された頃の「文化的な最低限度の生活」とは具体的にどのような生活を想定していたであろうか。それは想像するしかないが，少なくとも経済成長期の頃の「文化的な生活」には「三種の神器＝近代化＝生活の電化」，「文化住宅＝洋風的建築・間取り」の意味合いを含んでいたものと考えられる。しかし，昨今，文化的な生活と言えば，これには物的な「モノ」ばかりでなく，精神的な豊かさも含まれる。例えば，読書，芸術鑑賞（演劇，映画，音楽），スポーツ，行楽旅行，喫茶談話，囲碁将棋などである。いずれにしても，文化生活には上述の非経済的欲求も含まれるが，経済的欲求も多く含まれ，支払いあっての文化生活である。

　ⅴ）その他

　支払利子，租税公課は上記のどの生活分野にも属せず，生活全般に関わる定期的，反復的な支払いであるが，何らかの形で欲求充足に貢献する通常消費である。すなわち，家庭の支払利子は，通常，先取り消費に対する支払いであり，欲求充足の先取り分としての対価である。もし，借金をしないで，欲するモノ・サービスの購入を控えるとするならば，購入するまでの間，不便，苦痛を感じるはずである。借金をしてまでも購入することは不便や苦痛を早く避けたい欲求である。また，租税公課は社会的便益を受けるための対価としての支払いである[9]。何人も「砂利道」よりも「舗装道路」を利用したい，あるいは「教育を受けたい，受けさせたい」という欲求がある。したがって，支払利子，租税公課も通常消費として位置づけられる。

② 用 途 別

　上記，通常消費の生活分野別科目の設定数はわずか五つであり，この設定は簡便で理解しやすいものと考えられる。しかし，科目数が少ないため，同じ科目であってもいくつかの生活分野に関係する場合がある。例えば，「水道光熱」は食生活ばかりでなく，掃除，洗濯，風呂，洗車など，つまり衣生活に，住生活に，文化生活の各分野に関係する。また「車輌」は通勤，通院，買い物，行楽など，多用途に使用される。したがって，水道光熱費，車輌維持管理費（燃料費等を含む）は関係する各生活分野に何らかの基準に基づいて按分する必要性が生じる。もし，この按分を避けるとしたならば，当該財（モノ・サービス）の主な用途を基本にした勘定科目の設定が考えられる。

（2）特 別 消 費

　特別消費とは正味財産は減少するが，欲求充足に無関係であり，原則として反復性，再現性に乏しい一時的，偶発的な消費（むしろ「損失」と言った方が適切かもしれない）のことである。つまり，欲求充足への貢献を前提とした経済的消費は必ず正味財産を減少させるが，そのすべてが欲求充足に貢献するとは限らないということである。例えば，盗難，紛失，釣り銭の間違い，反則金，罰金，滞納金，資産売却差損，保険差損，貸倒れ，災害による財産の滅失などである。これらは明らかに正味財産を減少させる要因ではあるが，欲求充足ではなく，不満足（負の効用）を抱かせる。この要因を整理すれば，次の通りである。

① 不注意的損

　日常生活において，紛失については言うに及ばず，交通違反の反則金，滞納金（延滞金）などの支払い，あるいは釣り銭を少なく受け取ったり，また自動販売機での釣り銭の取り忘れがなきにしもあらずである。これらは自己の不注意に起因するところが多々である。このような事態に陥った場合，不満がつのるだけである。

② 非自発的損

　友人，親戚，親子，兄弟姉妹などにお金を貸し，これが返済されないことが考えられる。また，盗難も想定され得る。このような場合，自己の意思ではなく，相手の都合や故意による被害である。

③ 自 発 的 損

　貸付金の全額を免除することや，その一部を減免することも有り得る。この免除，減免は貸主側の判断である。この意味において自発的な損である。

④ 売却・保険損

　株式や土地などの資産を売却した場合，資産の売却額がその取得額または帳簿額を下回る差額分は資産売却差損であり，特別消費である。また，火災，雪害，地震などの災害保険，及び掛捨の医療保険の差損（医療費＞給付金）も同様，特別消費である。

⑤ 評 価 損

　資産は前章で述べたように取得原価による評価が原則であるが，時に評価替えを要することがある。もし，評価額が取得額または帳簿額を下回る場合，その評価損は特別消費となる。

⑥ 自然災害損

　財産が自然の力によってその物の物理的存在を失うことがある。例えば，地震，津波，地滑りなどによって土地や建物そのものが，または経済的価値が消滅してしまうことがある。このような場合，正味財産の直接の「取崩し」としても理解できるが，特別消費である。

　以上，生活分野別，用途別の通常消費，並びに特別消費の勘定科目設定例は表4-1，表4-2，表4-3の通りである。

第4章 消費計算

表 4-1 生活分野別通常消費の勘定科目設定例

区分	勘定科目	科目の内訳
通常消費	① 食生活費	食材・飲料，食器，調理具，水道光熱，台所用洗剤，外食など
	② 衣生活費	生地，上着・下着，水道光熱，衣料用洗剤，防虫剤，洗濯料など
	③ 住生活費	宅地，建物（償却），修繕，家具，水道光熱，地代，家賃など
	④ 文化生活費	車輌（修繕，燃料，水道光熱），受信料，電話料，娯楽など
	⑤ その他	租税公課，支払利子，雑費など

表 4-2 用途別通常消費の勘定科目設定例

区分	勘定科目	科目の内訳
通常消費	① 食費	内食，中食の食材費（弁当などを含む），飲料費，外食費など
	② 衣服費	生地代，既製服・下着代，クリーニング料金，防虫剤など
	③ 住居費	家賃，住宅改修費（大改修を除く），建物償却費など
	④ 家財機器費	建物，自動車を除く耐久消費財費など
	⑤ 水道光熱費	電気料，ガス料，灯油費，上下水道料など
	⑥ 交通費	乗車運賃，有料道路料金，燃料代・車輌維持・償却費など
	⑦ 運送・通信費	宅急便料金，郵便切手代，電話料金（スマホを含む）など
	⑧ 医療・衛生費	治療費，医薬品費（薬），歯磨き剤，殺虫剤，痒み止め剤など
	⑨ 教育・文化費	娯楽費，授業料，書籍代，購読費，交際費，理容・美容費など
	⑩ 租税公課	所得税等，社会保険料，自治会・町内会費，労働組合費など
	⑪ 雑費・その他	上記以外の支払い，掛け捨て保険料，支払利子など

表 4-3 特別消費勘定科目の設定例

区分	勘定科目	科目の内訳
特別消費	① 不注意的損	紛失，反則金・罰金，滞納金，弁償金，釣り銭間違いなど
	② 非自発的損	貸倒れ，盗難など
	③ 自発的損	貸付金免除・減免
	④ 売却・保険損	資産売却差損，災害保険差損など
	⑤ 評価損	資産評価替
	⑥ 自然災害損	土地，家屋の滅失

　上記の各表は一元的経済管理の家庭を想定した設定例であるが，家庭生活を時系列で見た場合，支払いの内容は常に同じ状態であるとは限らない。核家族であれば，人間は生まれて親に育てられ（独身前期），大人になれば，親元を離れて結婚し（夫婦同居前期），子が誕生し（親子同居期），更に子が成長して巣立ちし，再び夫婦二人（夫婦同居後期）の生活に戻り，夫婦いずれかが死に至る（独身後期）という「家族周期」がある。当然，家族周期の移行に伴って

消費の内容が異なり，したがって，勘定科目の設定は家族周期の変わり目に見直す必要がある。例えば，子が就学中であれば，「教育・文化費」は「教育費」と「文化費」とに分けて設定した方が適切である。もちろん，どのような家族周期においても衣，食，住，文化の生活に関係する消費の勘定科目の設定は必要である。市販家計簿の多くはこの点を踏まえた勘定科目の設定である。つまり，「食費」「衣服費」「住居費」「雑費」「水道光熱費」「租税公課」といった勘定科目の設定である。

　因みに，総務省統計局（旧総理府統計局）による家計調査の結果は経済分析や国家の経済・社会政策などに幅広く利用されているが，この調査における消費支出は1979年までは食料，住居（水道を含む），光熱，被服，及び雑費の5大項目（勘定科目）であった。この項目の基本的な考え方は上記の生活分野別であるといっても過言ではない。しかし，経済が次第に成長するにつれて高額な耐久消費財が普及し，また，文化的生活に関連する支払いも増加するようになると，上記のような項目の設定だけでは不十分であるという問題が生じることとなった。すなわち，この5大項目では教育，保健医療，教養娯楽，交際，交通通信，耐久財などの支払いは雑費の中に包含され，雑費の肥大化が顕著となり，消費実態が十分に把握できないという問題である。このような問題を背景にして，消費支出は，1980年以降，「食料，住居，光熱・水道，家具・家事用品，被服及び履物，保健医療，交通・通信，教育，教養娯楽，その他の消費支出」の10大項目に改正され今日に至っている。なお，この家計調査における「非消費支出」とは直接税，社会保険料，他の非消費支出（盗難金，弁済金，罰金，慰謝料，延滞金など）である。[10]

4　消費の計上時点

　特別消費の計上はその事実が発生または確定した時点であるが，通常消費については，その消費をいかなる時点で計上するかの問題がある。モノ・サービスは取得，支払い，使用という行為があってはじめて欲求充足に貢献する。この三つの行為が同時的であれば，現金を支払った時点で消費を認識し，この時

点をもって消費の計上時点としても特に会計上の問題は生じない。しかし，これらの行為の間に時間差があった場合，いかなる時点で計上するかの問題が生じる。また，次期へ繰越される消耗財を棚卸資産とし，その増減により当期の消費を修正するべきか否かの問題，更に使用が長期間にわたる耐久財については，その価値の減耗分を計上するべきか否か，つまり，減価償却費の計上問題もある。

（1）代金決済方法と消費の計上時点

　今日，商品の購入代金は現金による即時決済ばかりでなく，プリペイドカード，クレジットカード，デビットカードなどによる決済が一般化し，決済方法は多様化している。今や，カードの換わりにスマホも可能であり，財布の中に手許現金がなくとも生活が可能な「キャッシュレス時代」である。

① 現金払い（即時払い）

　現金払いとは商品を購入取得すると同時に，現金でその代金を支払う決済方法である。この場合，購入取得の時点で消費が発生したものとして，この時点を消費の計上時点としても支障がない。通貨に信用がある限り，売り手，買い手，双方にとって最も確実な決済方法である。

② デビットカード払い（即時払い）

　デビットカードによる決済とは購入代金をデビット契約者（買い手側）の預貯金口座からデビット加盟店（売り手側）の預貯金口座へ即座に振込まれる決済方法である。この支払い方法は契約者が自己の預貯金口座から現金を一旦引出し，この引出した現金で購入代金を支払ったことと同じである。もし，預貯金口座の残高が購入金額よりも少ない場合は買い物ができない仕組みになっている。したがって，デビットカード払いは上記の現金による支払いとまったく同じであり，消費の計上時点は商品を購入取得した時点である。

③ プリペイドカード払い（前払い）

　プリペイドカード払いとは預入れ，払込み（デポジット，チャージ）済みを証明する電子記憶媒体カード（証票），いわゆる，電子マネーによって購入時に代金を決済する方法である[11]。商品を購入する前に現金を払込むという意味では前払いであるが，通常，預入れ金額に上限が設定されている。この点，次に述べる一般的な前払い（または先払い）と異なる。この証票は大別して，商品限定型と店舗限定型とに分けられる。

　商品限定型とは特定の商品が購入できる証票のことであり，例えば，路線バスや電車の定期カードや回数カードまたは券などである[12]。この場合，商品が限定されているため，預入れの時点でその全額を使用してしまったものと見なし，カードへの預入れ時点をもって消費の計上時点としても特段の不合理性はない。例え，預入れ金を資産扱いとし，利用の都度，消費計上し，未使用分を資産としても会計情報としての意味はない。

　店舗限定型はカード発行会社（代金決済業務者）と提携した店舗で商品が購入できる証票のことである[13]。この証票の場合，現金の預入れ時点ではどのような商品を購入するかは決まっていない。このため，会計上，預入れ時点と消費時点との関係をどのように考えるかが問題となる。この問題に対する考え方は次の通りであるが，いずれの場合も一長一短がある。

　その一つは擬制方式とでも言うべき考え方である。預入れの時点でその全額を使い切ったものと擬制し，この預入れた時点が消費の計上時点であるとする考え方である。この方法は簡便ではあるが，具体的に何を購入したか，その詳細は不問となる。その二つは両替方式とでも言うべき考え方であり，預入れ金を証票という通貨への両替であるとする考え方である。つまり，「千円札」を「百円硬貨」に両替したことと同じであるとする考え方であり，財布の中には「現金」という通貨と「カード証票」という通貨が入っているということである。したがって，預入れは単なる両替であって会計上の取引とせず，消費の計上時点は証票によって商品を実際に購入した時点である。その三つは預貯金方式とでも言うべき考え方である。すなわち，証票での購入は預貯金からの引出し金で代金を支払ったものとするという考え方である。基本的には先のデビッ

トカードと同じ考え方である。したがって，消費の計上時点は証票によって実際に商品を購入した時点である。これら三つの考え方のうち，用途別計算を可能にし，かつ記帳の簡便性を考慮するならば，両替方式が合理的である。

④ 前 払 い

前払いとは所定の商品を取得する前に代金の全額を一度に支払う決済方法である。この場合，前払金は一種の資産であり，消費の計上時点は，後日，商品を取得した時点である。ただ，確実に商品を取得できるとするならば，消費の計上時点は前払金の支払い時点とすることも可能である。

⑤ 予約払い（部分的前払い）

予約払いとは所定の商品を取得する前に代金の一部を支払い，残りの代金を取得時に支払う決済方法であり，部分的な前払いである。予約金または手付金の支払いは仮払いとして，一旦，資産に計上され，消費の計上時点は，後日，商品を取得し，残金を支払った時点である。[14]

⑥ クレジットカード払い（後払い）

クレジットカード払いとは商品を取得し，後日，所定の期日にその代金を預貯金口座からの振替によって支払う決済方法である。これは後払いであり，「先取り消費」である。[15] この場合，消費の計上時点は口座振替払いの時点か，商品の取得時点かのいずれかである。前者の場合，購入取得の時点と計上の時点との間に会計上の空白が生じる。後者の場合，商品の取得時点が消費の計上時点であると同時に買掛けという債務の発生であり，後日の口座振替払いの時点はこの債務を解消することである。つまり，後者は二段構えである。いずれの場合にも一長一短が見られるが，ただ，次の二つの点において，後者の方がより適切である。それは預貯金と債務の残高管理ができること，及び商品の取得時点と代金の振替時点と間に会計上の空白期間が生じないことである。

⑦ 自動振替払い（後払い）

　自動振替払いとは預貯金口座からの自動振替契約によって決済する方法である。例えば，月々の支払いである電気代，ガス代，水道代，新聞購読代，通信費，会費などである。厳密な意味での消費は使用，利用の度に発生するが，その度，計上しても意味がなく，消費の計上時点を口座からの振替え時点としても特段の問題は生じない。今月の支払いは先月の消費分，今月の消費分は翌月の支払いとなるが，この種の月々の支払い額は安定的であり，今月の支払い分を今月の消費分と見なしても当期の経済剰余（黒字，赤字）にほとんど影響がない。

⑧ 分割払い（後払い）

　分割払い（リボ払いを含む）とは購入代金を分割（割賦）して支払う決済方法である。この場合，消費の計上時点は購入取得した時点であり，月賦，年賦を問わず，分割払いは債務の返済としての計上である。ただ，分割払いの価格には利子や手数料などの諸経費を含んでいる場合が多い。このような場合，本体価格と諸経費との分離が原則である。

⑨ 複合的な決済

　上記のいくつかの決済方法を組み合わせて購入する場合もある。例えば，国内の「パック旅行」を現金で予約払いし，旅行当日に旅行代金の一部を現金で支払い，さらに残りの部分を分割払いにするような場合である。このような場合は予約払い，現金払い，分割払いを組み合わせた決済となる。

　以上，消費の計上時点と財産との関係は表4－4の通りであるが，後述する減価償却資産を除けば，会計上の消費の計上時点は原則として「商品の取得時点」である。また，この計上時点は実際に使用，利用するという意味での消費時点と異なることが多い。例えば，今日の昼に購入した食品を今日の夕食として食べるかもしれないし，数日後に食べるかもしれない。

第4章　消費計算

表4-4　消費の計上時点と財産との関係

決済方法		消費の計上時点	財産との関係
1）現金払い		商品の取得時点	現金の減少
2）デビットカード払い		商品の取得時点	預貯金の減少
3）プリペイドカード払い	商品限定型	払込み（チャージ）時点	現金・預貯金の減少
	店舗限定型	商品の取得時点	払込金の資産扱い
4）前払い		商品の取得時点	前払金の資産扱い
5）予約払い		商品の取得時点	予約金の資産扱い
6）クレジットカード払い		商品の取得時点	購入代金の負債扱い
7）自動口座振替払い		預貯金口座振替えの時点	預貯金の減少
8）分割払い		商品の取得時点	分割残高の負債扱い

（2）棚卸資産の扱い

　生産と消費が同所同時的なサービス自体については次期へ繰り越すことはあり得ない。しかし，第2章で述べた消耗財については次期以降へ繰り越されるものも多数存在する。例えば，冷蔵庫には飲食物が，タンスやクロゼットには衣類が保存，保管されている。会計上，このような消耗財は購入と同時に欲求充足に貢献し消滅したものとしての扱いである。しかし，問題はこのようなモノを棚卸資産として扱い，決算時に消費を修正するか否かである。

　今，消耗財を棚卸資産として扱うものとするならば，当期の消費額は期中の購入額に前期からの繰入額（期首有高）を加算する一方，次期への繰越額（期末有高）を減算して求められる。例えば，食器棚，冷蔵庫，クロゼット，タンス，押入，物置，本棚などにある品々を棚卸し，これらを評価したところ，期首の棚卸額は15.5万円であり，また，期中の購入額は210.0万円，期末の棚卸額は16.0万円であったとする。この場合，当期の消費額は期中の購入額から期首，期末の差額0.5万円が控除され，209.5万円となる。

　　　当期の消費額＝期首の有高＋期中の購入額－期末の有高
　　　（209.5万円）（15.5万円）　（210.0万円）（16.0万円）

　ところで，消耗財としての生活財は多種多様であり，かつ数限りなく存在し，

これらの一つ一つを棚卸実査するためには大変な労力と時間を必要とするであろう。もし，毎期，期首，期末における棚卸有高がほぼ等しいものとするならば，当期の消費額も期中の購入額にほぼ等しくなるはずである。つまり，「当期の消費額≒期中の購入額」となり，消耗財を棚卸資産として扱う積極的な意味はない。したがって，会計の簡便性の観点から消耗財の棚卸としての資産性を認めず，購入した時点ですべて消滅してしまったものと考える方が合理的である。もちろん，押入れ，物置，冷蔵庫，タンスなどの中，特に冷蔵庫の中のこまめなチェックは財務会計上ということよりも賞味・消費期限，買い過ぎ，二重買いなど，適切な品質・在庫管理上，重要であることは言うまでもない。非常食や常備薬のチェックも同様である。

（3）耐久財の消費化（減価償却費）

　耐久財とは使用，利用の頻度や時間の経過と共にその価値や機能が徐々に減少し，将来のいずれかの時点で廃棄に至る財である。消費計算上，このような価値の減少分は欲求充足への貢献であり，消費となる。一方，財産計算上，耐久財は廃棄されるまでの間，資産であり続ける。つまり，耐久財の購入費は前払いの消費としての資産計上であり，決してその全額が購入した会計期の消費ではない。したがって，会計上，耐久財の消費化，いわゆる，消費の期間配分としての減価償却費の計上が必要となる。企業における減価償却費の計上目的は耐久資本財を費用化すると同時に，この投下資本を回収することであるが，家庭の場合，この目的は購入資金を回収することではなく，購入取得額を期間配分することによって通常消費の平均化を計ることにある。ここで，問題となることは如何なる耐久財を減価償却費計算の対象とするかである。

　表４-５は総務省統計局の家計調査における「収支項目分類表」から作成した耐久財の一覧である。これらの中には価格の低いものから高いもの，耐用年数の短いものから長いもの，一生涯更新しないようなものなど様々である。期中の通常消費を厳密に計算するとすれば，これらのすべてを償却資産とし，その減価償却費を計上する必要がある。しかし，少額なものについてまでもその減価償却費を計上したとしても，それが必ずしも有益な会計情報になるとは限

第4章　消費計算

表4-5　家計調査上の耐久財

10大分類	項目名	10大分類	項目名
1　食料	なし（非耐久財）	5　被服・履物	なし（半耐久財）
2　住居	設備器具	6　保健医療	眼鏡 コンタクトレンズ
3　光熱・水道	なし（非耐久財）	7　交通・通信	自動車 自動車以外輸送機[*3] 自転車 移動電話 他の通信機器
4　家具・家事用品	電子レンジ 炊事用電気器具 炊事用ガス器具 電気冷蔵庫 電気掃除機 電気洗濯機 他の家事用耐久財[*1] エアコン ストーブ・温風ヒータ 他の冷暖房用器具 たんす 食卓セット 応接セット 食器戸棚 他の家具 室内装飾品[*2] 敷物 ベッド	8　教育	なし（非耐久財）
		9　教養娯楽	テレビ 携帯型音楽・映像機器 レコーダー・プレイヤー パーソナルコンピュータ カメラ ビデオカメラ 楽器[*4] 書斎・学習用机・椅子 他の教養娯楽用耐久財
		10　その他	理容美容電気器具[*5] 腕時計 祭具・墓石

＊1アイロン，ミシン，乾燥機など　2　書画，掛軸，骨董，置物など　3　オートバイ，スクーターなど　4　ピアノ，オルガン，琴，三味線，尺八など　5　ヘアドライヤー，ホットカラー，電気カミソリなど

資料：総務省統計局令和3年家計調査年報

らない。したがって，償却資産の対象とするべき耐久財は高額なものに限定する必要がある。

　ここで，さらに問題となることは何円以上もって高額とするかである。値段の高い，安いは相対的な概念であり，客観的な金額基準は存在せず，人によっても耐久財の種類によっても異なる。ただ，社会通念上，自動車の購入価格は他の耐久財よりも相当高く，購入に際して，新規，更新，あるいは新車，中古車を問わず，誰しも自己の財務状況，資金繰り，所得，生活費，更には車の維持管理費，更新のため資金積立などを考慮して購入するか否かを決定するであろう。もって，自動車については，償却資産とし，その減価償却費を計上して通常消費の平均化を計る必要性がある。

今一つの問題は表4-5には記載されていないが，会計上，持家（住宅）をどのように扱うかである。

　持家には一般的な耐久財と異なる性質がある。つまり，それは高額性，市場性，非更新性，多額の修繕・改修費の必要性などがある。このため，持家の会計上の扱いについては次の二通りの考え方が成立する。

　その一つは，住宅は適正な管理下では永久財又は半永久財であるとする考え方である。特殊なケースを除けば，確かに「家は一生涯に一度の買い物」と言われるように，住宅は生涯中に更新されることは希である。

　その二つは住宅の価値は時の流れに従って徐々に減少し，いずれかの時点で廃棄され，更新される耐久財であるとする考え方である。したがって，住宅を償却資産とし，その減価償却費が計上されることになる。一世代限りの会計実体（単位）を想定すれば，住宅の更新資金を準備する必要性はないが，この計上には次のような効果がある。それは当期の経済剰余が減価償却費の計上分だけ少なくなり，生活を引き締める心理的な効果である。言わば，これは「消費の平均化」とでも言うべき効果である。例えば，建築費を3,000万円，除却費を300万円，耐用年数を47年とし，定額法による年間の減価償却費は約70.2万円となり，経済剰余は減価償却費を計上しない場合よりも70.2万円（一ヶ月当り58,510円）少なくなる。なお，この耐用年数は税法上の鉄筋コンクリート造の年数であり，除却費は当該の建物に負担させるものとしての計算である。

　以上のように，住宅（建物）と自動車についてはその減価償却費を計上する方が会計情報として有益である。つまり，その一つは取得額を期間配分することにより「日常生活の引き締め効果」が期待できることである。その二つは持家と自動車は広く中古市場が存在し，減価することにより帳簿価額が中古市場価格により近づき，財産価値の適正化が計られることである。その三つは建物については改修，修繕のための，自動車については更新のための資金積立の目安になることである。

第4章 消費計算

要　約

　以上，一元的経済管理の家庭を想定し，そこにおける消費の基本的な会計問題について述べてきた。これを要約すれば次の通りである。

　第一に，消費の本質は人間の欲求充足に求められ，今日，多様な欲求は購入支払いという経済的犠牲，及び家庭内の生産的活動によって充足される。この経済的犠牲は効用の獲得と同時に，正味財産の減少を意味する。家庭会計上の「消費」とは「欲求充足への貢献」かつ「正味財産の減少」であり，この二つの要素を含む反復的に繰り返される消費が「通常消費」である。

　第二に，盗難，紛失，反則金，罰金，滞納金，滅失などは正味財産を減少させるが，欲求充足には貢献しない。このような非反復的な消費は通常消費とは異なるため「特別消費」として区別する必要がある。また，正味財産の減少要因に生前贈与がある。これは正味財産自体の取崩しとして理解することも可能であるが，しかし，本書の正味財産は「元入」ではなく，「差額」概念であるため，これを特別消費とせざるを得ない。

　第三に，消費の計上は原則として購入時点（日）である。

　第四に，毎期，期首，期末における消耗財の棚卸有高はほぼ等しいものと考えられる。このため，消耗財を棚卸資産として扱う積極的な理由はない。

　第五に，耐久財のすべてを償却資産とし，その取得額を期間配分し消費化する必要性はないが，建物と自動車については，その取得原価が一般的な耐久財よりも桁違いに高額のため，その期間配分，つまり，減価償却費を計上する必要性がある。

　ともあれ，家庭や個人は「なに」を，「いつ」，「どこ」で，「どれだけ」を購入するかは様々な情報に基づいて意思決定されるが，消費についての会計情報も重要である。

第4章　参考文献・注

1）　このような意思決定は消費に関する管理でもあり，時にこれをもって「家計管

理」とも呼ばれる。確かに，家庭経済は国民経済の枠組みの中では消費経済体であり，そこにおける消費がその関心事となる。しかし，広く「家計管理」という場合は，欲求充足を前提に，所得，消費というフロー面と財産というストック面の管理を含めた概念として使用すべきである。

三東純子「家計と生活を考える」『HOME ECONOMICA』No.50，14～17頁，1990年。

2） 消費者においても，生産者における差額概念としての利益に似た概念がない訳でもない。それはマーシャルの言う心理的な概念である「消費者余剰」である。

Alfred Marshall, "Value and Utility," "Appendix H," *Principles of Economics 8th,* 1930, pp. 124, p. 811.

3） 経済理論上，経済行動の主体としての消費者は「個人」である場合と生計を共にする「家計」である場合とがある。しかし，今日の経済分析では消費のみならず，投資の源や労働供給の主体は家計とみなされるのが通例である。

小尾恵一郎「経済学における家計について」『経済セミナー』No.324，22～28頁，日本評論社，1982年。

4） G. J. スティーグラー，丸山徹訳「III　近代理論の夜明け」『効用理論の発展』日本経済新聞社，1979年，27～39頁。

George J. Stigler, *The Development of Utility Theory.*

5） 楠本捷一朗「III 市場機構　1効用 utility」『経済学大辞典』東洋経済新報社，1983年，147～167頁。

6） 消費する前に期待される効用ということもある。現に，期待される効用と実現した効用との間にギャップを感じることもある。選好理論における効用は期待される効用であるが，会計の立場での効用は実現された効用，すなわち，事前的ではなく，事後的な効用である。

7） この「通常消費」を「経常消費」といっても支障はないが，総務省家計調査における「経常消費」支出とは「原則として，1世帯当たり年に1回は購入している品目（100世帯当たり年間購入頻度が100以上）…」のことであり，統計上の定義である。

8） A. H. マズロー，小口忠彦監訳「第五革　人間の動機に関する理論」『人間の心理学』産業能率短期大学出版部，1971年，89～117頁。

A. H. Maslow, *Motivation and Personality.*

9） 租税公課とは国税，地方税，社会保険料など，及び公共的団体への負担金や組合費などであり，国，都道府県，公共的な団体などへの支払いであり，特定のモノやサービスを購入する直接的な支払いではない。これらを支払うことにより，間接的には多様な便益を受け，欲求が充足されている。例えば，道路港湾は安全な移動運輸，警察は治安の維持，学校は教育，公的病院・介護施設は生命や健康の維持などに貢献している。したがって，租税公課も一種の通常消費である。

10）　総務省家計調査では実支出は「消費支出」と「非消費支出」の合計であり，この「非消費支出」は読みようによっては「消費に非らざる支出」，つまり，資産の取得や借金の返済のための支出にも理解できる。この誤解を避けるためには「非消費支出」を「租税公課・他」に改められるべきものと考えられる。

11）　法律上，プリペイドカードは「前払式支払手段」である。
「資金決済に関する法律」第三条の一；証票，電子機器その他の物に記載され，又は電磁的方法により記録される金額に応ずる対価を得て発行される証票等又は番号，記号その他の符号であって，その発行する者又は当該発行する者が指定する者から物品を購入し，若しくは借り受け，又は役務の提供を受ける場合に，これらの代価の弁済のために提示，交付，通知その他の方法により使用することができるもの。

12）　商品指定型の証票には文中の例ばかりでなく，図書カード，選択商品券，ビール券などもあるが，これらは他人からの進呈である。この場合，受取った時点では所得にして資産の計上であり，消費の計上時点はこれらの証票で購入した時点である。

13）　具体的には Suica，PASMO，WAON，楽天 Edy などであるが，大型店舗による積立金方式の場合も店舗指定型のプリペイドである。この方式は一般的に一定金額を月々積立てた後，系列店舗で積立金の数パーセント増しの買い物ができるカードや商品券を会員に交付する仕組みである。

14）　積立て払い（所定の商品を購入するために，毎月，積立て，所定の期日に商品を取得する方法）も予約払いの一種である。積み立てている間は資産計上であり，消費の計上時点は実際に商品を取得した時点である。

15）　日常生活における信用買い，つまり「先取り消費」は今にはじまったことではない。それは「盆暮れ払い（二季払い）」であり，このような決済方法が今日でもなきにしもあらずである。

補論 7　欲求充足

　欲求（needs, wants, desires, aspirations）に類似した用語としては，要求，欲望，願望，希望などがある。これらには微妙な意味の違いが認められるが，これらの基本的な意味としては「望み求めること」であり，心理学上の概念である。ここでは心理学を論ずるものではないが，心理学における欲求概念について概観するならば，それは次の通りである。

　心理学における欲求とは「生活体をして，一定の活動にかりたてるに役立つような，生活体内の特定の不均衡な状態」であるとされる。つまり，普通の人間であれば，誰しもこのような心の「不均衡な状態」を解消しようと行動するのが常である。さらに言うならば，欲求は人間行動の推進力，原動力であると同時に，動機づけ（motivation）という過程の一つであるとするのが心理学上の概念である。したがって，行動あるところに必ず欲求があり，経済的な行為や活動も必ず欲求があるがゆえの行動である。

　加えて，欲求充足とは心理学的には上記のように心の「不均衡な状態を解消すること」に他ならないが，人間には食欲，睡眠欲，性欲ばかりでなく，社会承認欲，新経験欲，優越欲，名誉欲など，様々な欲求がある。心理学上，しばしば，これらの欲求は体験や学習がなくとも，人間の生まれつき身に備わった生理的機構から出てくる欲求（生物的欲求，生得的欲求）と，体験，学習，生活習慣，社会環境などから出てくる欲求（社会的欲求，習得的欲求）とに区分される。このような人間の欲求には次の二つの特徴が一般的に認められる。

　第一の特徴はこれらの諸欲求が単独的に現れる場合と複合的に現れる場合とがあり，通常，人間の欲求は後者の場合が比較的多いという点である。これは人間の欲求が個体及び種族の維持という生得的な欲求の他に，体験，学習，生活習慣，社会環境などによって発達するからである。例えば，新生児の食欲は生得的な欲求であり，授乳によって満たされるが，成長するに従って次第に食欲に関するある一定の型が日常の体験や既存の生活習慣によって形成されることになる。納豆や漬け物などはわれわれ日本人にとって食欲という生得的な欲

求を満たすばかりでなく，これらを食べたいという気持さえ抱かせるものである。ところが，このような食べ物の経験や習慣のない人にとっては，これらは食欲どころか，嫌悪感さえ抱かせるものである。このように食べたいという欲求は生命維持のための生得的な欲求であると同時に，後天的に形成された習得的な欲求を含んだ欲求である。つまり，食欲以外の欲求についてもそうであるが，人間の欲求には生得的欲求と習得的欲求とが複雑に絡み合った複合的な因子を含んだ欲求が多いという点に特徴がある。

　第二の特徴は人間の欲求は絶えず変容するという点である。人間はある欲求が充足されると，新たな欲求が生まれ，これを充足しようとする。すなわち，欲求それ自体の内容は変化する。人間以外の動物は生得的欲求を食べては寝，寝ては食べるという形で反復的に満たすだけであり，これ以上の欲求はほとんど生まれない。しかし，人間の欲求は単に生得的欲求のみにとどまるものではない。人間は何か新しいもの，珍しいもの，未知のものへ興味をもち，新経験という欲求を常に持つ生き物である。この欲求がこれまでの欲求を変える一因となる。逆説的に言えば，人間には「飽きる」という心理的現象があり，これも上記の心の「不均衡な状態」であり，人間はこれを解消しようと行動するものである。もちろん，この種の欲求は生命維持に関わる基本的な欲求がある程度充足された上での欲求である。例えば，食欲に関して，生理的な欲求水準が恒常的に満たされるようになると，次に何か珍しくて，美味しい食べ物を食べたいといった類の欲求である。このような人間特有の欲求が今日の経済社会あるいは文化を築き上げてきた大きな原動力の一つとなったことは言うまでもない。もし，このような欲求が人間になかったとすれば，人間は未だに洞穴の生活を営んでいたに違いない。

　以上のように，人間の欲求には様々な欲求があり，また，他の動物には見られない人間特有の欲求もある。マズローはこのような人間の欲求を自己実現の欲求を頂点とする一つのヒエラルキーの体系であるとする[2]。すなわち，それはある欲求が充足されると，次の新たな欲求が生まれ，さらに，この欲求を充足しようとする積み重ねの体系であり，しかも，それには次のような順序性または発展段階性があるとされる。

第一に，人間は生命を維持するために，空腹，喉の渇き，排泄，睡眠などの生理的な欲求を充足しようとする行動である。第二に，このような欲求が充足されると，病気，けが，寒さ暑さ，天災などの危険，危惧から自己の身を護ろうとする行動，つまり，安全確保，自己防衛の行動である。第三に，生理的な欲求と安全の欲求が充足されると，自己の所属するグループ内で適当な地位を求めたり，友達，恋人，家族などと愛情に満ちた関係（与える愛情と受ける愛情）を保持しようとする行動である。第四に，人間社会においては，自己に対する高い評価や他者から尊敬，尊重されたいという欲求が生まれ，これを満たそうとする行動である。第五に，上記の四つの欲求が充足されると，自己が潜在的にもっている欲求を実現し，自分が自分自身であろうとする自己実現の行動である。すなわち，自己が理想とする人物になろうとする行動であり，当然，理想は人によって必ずしも一様ではない。マズローは「人間はこのような自己実現の欲求を充足した時に，最も大きな満足感，幸福感を得るものである」とする。要は，まずは物質的欲求，次いで精神的欲求を満たすべく行動するということである。

翻って，今日，個々人の欲求は社会の経済的な仕組み，いわゆる「生産→交換→消費」という仕組みの中で充足される。しかし，すべての欲求が経済的な仕組みと関係して充足されるという訳ではなく，経済的行為と関係なく充足される欲求もある。このことを上記の欲求充足のヒエラルキーに照らして考えるならば，まず，第一段階の生理的な欲求のほとんどは市場からのモノ・サービスを購入し消費することによって充足される。空腹や喉の渇きは食べ物，飲み物を購入し，これらを食べ，飲むことによって癒される。第二段階の安全の欲求には個人の意思では如何ともし難い欲求もあるが，これについてもそのかなりの欲求は生理的欲求と同様に購入し消費することで充足される。例えば，外界から身を護るという安全は住宅や衣類などを購入し，そこに住まい，着ることによって確保される。しかし，第三の社会的な欲求，第四の承認の欲求，第五の自己実現の欲求はこのような生理的欲求や安全の欲求よりも購入し消費するという経済的行為の場面が少なくなり，自己満足的な形で充足されることが多い。愛情，名誉，地位，資格などはその典型例である。この種の欲求は複合

第4章 消費計算

的な形で充足されるが，購入という経済的行為を伴うこともある。例えば，同窓会での食事は単に第一の生理的欲求ばかりでなく，第三の社会的な欲求をも充足し，しかも，支払いという経済的行為が伴う。要するに，経済的行為が欲求充足に関わる程度は欲求が第一，二段階から第三，四段階に進むに従って次第に薄くなるということである。例えば，第三の社会的集団であるサークル，同好会，同窓会など，第四の承認である名誉，地位，称号などは店舗で売買されるものでなく，非経済的欲求である。

　ここで，欲求充足のプロセスと経済発展との関係について留意すべき点が二つある。その一つは高次の欲求は人間の最も基本的な欲求である生理的欲求と安全の欲求が十分に充足されてはじめて芽生える欲求であること，及びこの両欲求のほとんどは，今日，自給自足ではなく，購入し消費することによって充足される欲求であることである。その二つは経済発展に従い，全体的には経済的消費欲求の比重が高くなるが，生理的欲求と安全の欲求，つまり，衣食住という生活の基本に関わる経済的消費欲求については相対的に低くなる傾向にあることである。今日の先進国といえども，かつての生活状況を想定すれば，そこにおける人々の関心事は生理的欲求と安全の欲求の充足であり，特にこのような欲求充足に貢献する物的なもの，例えば，食べ物，衣類，住宅といったものに関心があったであろうし，また，家庭内生産に依存する局面も今日よりも多かったであろう。しかし，今日のわが国のような場合，生命維持という次元での生理的欲求や安全の欲求についての充足は「飽食時代」，「飽和消費生活」に象徴されるように，ある一定水準に到達し，今や，より高次な欲求へと変わって来ている。このことは生命維持と直接的な関係が薄い簡便性，利便性，快適性，ファッション性などをモノ・サービスに求めたり，また，教養，娯楽，レジャー，スポーツなどへの志向を強め，結局，自由裁量支出の増加という形で現れている。

補論 8　生活費等の計算

　本文で使用している「消費」に類似した用語に「生活費」「生計費」「家計

119

費」「家事費」「家事費用」「実支出」「消費支出」「労働再生産費」などがある。これらは「生活のために必要な支出」という意味においては同義であるが，何をもって「必要な支出」とするかは計算目的によって異なる。

また，これらの計算には方法論的に異なった二つの手法がある。その一つは種々の科学的な資料に基づいて理論的に計算する方法であり，この方法による結果は「理論生活費」「理論生計費」などと称される。その二つは生活に関わる消費の実態を所定の家庭簿記や調査簿の記帳結果に基づいて計算する方法であり，この結果は上記の「理論生活費」「理論生計費」に対して「実態生活費」「実態生計費」などと称される。この両者の計算目的は「理論」であれ，「実態」であれ，主に賃金決定や経済・社会福祉政策などの国家的政策の基礎資料を作成することにある。言うまでもなく，支出項目（費目）や家族モデルの設定如何によって計算結果が自ずと異なる。

（1）日本家政学会；「標準生活費」

日本家政学会の家庭経営学部会関東地区標準生活費研究会がかつて「標準生活費」を発表したことがある。これは『健康で文化的なくらし』を大前提として『標準的な労働者世帯の労働力再生産費』という目的をもって計算されたものである。[4]この標準生活費の内容は図補8-1の通りであるが，ここでの「標準的な労働者世帯」とは夫45歳の給与所得者，妻無職，女子高校生，男子中学生の4人家族である。

図補8-1　日本家政学会の「標準生活費」

標準生活費
食料費…食料
住居費…家賃（ローン返済含む），家具・什器
水道光熱…電気，ガス，灯油，水道，その他
被服費…夫，妻，高校生，中学生，第一家族共通，クリーニング
雑　費…医療，保健，衛生，理・美容，教育，教養・娯楽，交通，通信，職業関係（夫），その他

この標準生活費の計算方式は全物量の積上げ方式，つまり，マーケット・バスケット方式である。[5]これは理論生活費であるとも言えるが，具体的な計算方法は次の通りである。

第4章　消費計算

　第一に，耐久財（住宅と自動車を除く）の生活費への算入は生活に必要な数量，平均取得価格，使用期間（耐用年数）の三つの要素を基礎にして計算される。例えば，電気冷凍冷蔵庫の場合，一家に一台が必要であるものとし，これの生活費への算入分は次のようにして計算される。この算入は減価償却費の計算に類似した考え方である。

電気冷凍冷蔵庫生活費算入分＝（平均取得価格÷使用期間）×数量

　第二に，住宅については住宅（3DK）の平均的な家賃を基礎にした計算である。これは国民経済計算で用いられる帰属家賃の考え方である。ただ，ここでの帰属家賃は借金による住宅取得という現状を考慮し，毎年，あるいは毎月のローン返済金額を家賃と見なし，これを含めての平均家賃である。

　第三に，自動車については標準的な勤労者世帯ではこれを必要としないものと見なされ，自動車関係費は標準生活費の計算対象外である。ただし，自動車関係費は別枠で計算されている。

　第四に，税金，公的年金の保険金などの租税公課等については標準生活費の計算対象外である。

　以上，日本家政学会の研究会による「標準生活費」は健康で文化的な最低限度の生活を営む権利（憲法25条）の貨幣表示であり，標準的な世帯における最低の生活費である。もちろん，健康で文化的な生活は時の流れに従って変化することは言うまでもない。

（2）人事院；「標準生計費」

　人事院の「標準生計費」は国家公務員法の第64条2項に基づいて計算される[6]。この標準生計費の内容は図補8-2に示されるように衣食住の生活に関わる費目と雑費で構成され，上記の日本家政学会による「標準生活費」と類似している。しかし，計算手法の基本は異なっている。すなわち，平成2年度まで「食料費」については1日当たりの所要熱量の摂取に必要な各食品の物量を求め，これらに実効価格（加重平均）を乗じて計算され，また，「住居関係費」から

「雑費Ⅱ」までの四つの費目については総務省の「家計調査」の結果に基づいて計算されている。つまり、「食料費」は理論、「住居関係費」から「雑費Ⅱ」までの費目は実態であり、「理論」と「実態」との併用方式である。

図補8-2　人事院の「標準生計費」

標準生計費
食料費…食料
住居関係費…住居、光熱・水道、家具・家事用品
被服・履物費…被服及び履物
雑費Ⅰ…保健医療、交通・通信、教育、教養娯楽
雑費Ⅱ…その他の消費支出（諸雑費、こづかい（使途不明）、
　　　　交際費、仕送り金）

　ところが、平成3年度から、この「標準生計費」は1人世帯については総務省の「全国消費実態調査」、2～5人世帯については同省の「家計調査」の実態に基づいて計算されるようになり、現在に至っている[7]。つまり、これまでの「理論」と「実態」との併用方式から、「実態」のみによる単一方式への変更である。これには戦後（1945年代）の飢餓的な食料・栄養事情が大きく改善され、むしろ、飽食、過食と呼ばれる時代となり、所要の栄養摂取が達成されたという背景があったものと考えられる。

（3）農林水産省；「農家家計費」

　農林水産省（旧農林省）による農家経済調査は生産（経営）と消費（家計）とから成る農家経済の再生産過程の実態を把握する目的で、一時中断する時期もあったが[8]、1913（大正2）年から1999（平成11）年7月まで実施されていた。これ以降、農林漁家世帯は総務省の「家計調査」に含まれることとなり、今日に至っている。

　農家経済調査の家計費（農家生計費調査統計）は図補8-3のように分類される。この分類の目的は家計費のうち労働力の再生産に要した恒常的な費用を計算することにあり、その基準は次の通りである。

　第一に、家計費はそれが経常的であるか否かによって生計費と臨時費とに区分され、臨時費は婚姻費、葬儀費、出産費などである。第二に、この生計費はそれが当該農家の常住世帯員の消費であるか否かによって生活費と雑費に区分

される。この雑費は元家族員や他人への贈答や送金などであり，当然，これは常住世帯員の消費ではない。一方，生活費の中の雑費は小遣い銭や理容・美容などであり，常住世帯員の消費である。等しく「雑費」といってもその意味が異なっている。第三に，建物（住宅）と自動車についてはその減価償却費が生活費の中に算入されている。以上のようにして計算された生活費が労働力の再生産に要する恒常的費用，つまり農業労働力の再生産費の目安である。

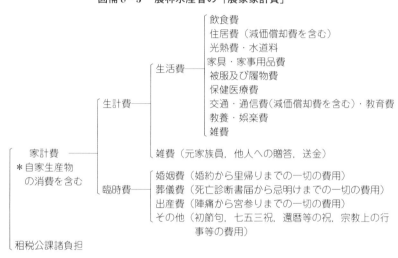

図補8-3　農林水産省の「農家家計費」

補論　注

1) 安藤公平・妻倉昌太郎・木村政男・山岡淳「第4章　欲求と適応」『こころの科学』駿河台出版社，1970年，128〜174頁。
2) 第4章注8)，上掲書，89〜117頁。
   ① 生理的欲求（Physiological Needs）
      空腹，喉の渇き，排泄，睡眠など，生命維持のための直接的かつ基本的な欲求
   ② 安全の欲求（Safty Needs）
      病気，けが，寒さ暑さ，天災，戦争など，危険から身を護ろうとする欲求（貯蓄や保険もこの欲求に含まれる）
   ③ 所属と愛の欲求（Belong and Love Needs）

地位（所属内），友達，恋人，家族など他者との愛情に満ちた関係を保とうとする欲求（この愛は性欲と異なる）

④ 承認の欲求（Esteem Needs）
尊敬，尊重，業績，資格など，社会的に高い評価を得ようとする欲求

⑤ 自己実現の欲求（Sell Actualization Needs）
音楽家，画家，詩人，研究家，技師，あるいは良き母，父など，自分が理想とする人物になろうとする欲求

3） G.カトーナ・B.ストランペル・E.ツァーン，石川弘義・原田勝弘訳「第五章 楽観的態度と消費パターンとの関係」『欲望の心理経済学──その国際比較研究』ダイヤモンド社，1977年80～97頁。
G. Katona, B. Strumpel, E. Zahn, *Aspirations and Affluence: comparative studies in the United States and western Europe*, New York, McGraw-Hill

4） 日本家政学会家庭経営学部会関東地区標準生活費研究会編『標準生活費の算定』有斐閣，1981年，46～106頁。

5） 伊藤秋子「第2章 生活水準の概念」『生活水準』光生館，1977年，73～76頁。

6） 「国家公務員法」第64条2；
俸給表は，生計費，民間における賃金その他人事院の決定する適当な事情を考慮して定められ，かつ，等級ごとに明確な俸給額の幅を定めていなければならない。

7） 人事院「人事院月報」9号，9頁，1991年。

8） 「第8章 農家経済」小山智士・関英二編著『農林統計の見方・使い方』127～172頁，家の光協会，1974年。
農林統計協会編『農林水産統計用語事典』農林統計協会，1988年，200頁。

第5章

収 支 計 算

市販家計簿のほとんどは単式簿記であるが，家庭簿記について，次のような見解がある。すなわち，「家計簿記といわれているものは，収支費目ごとに，金額欄を設けた家計簿という現金出納帳によって収支の事実をその事由とともに一面的に記録計算するにとどまるもの…」[1]，あるいは，序章でも述べたように「家庭のような非営利体の会計では現金の収支を中心とする記録・計算を行うだけでよく，…」[2]である。確かに，市販家計簿の多くは現金出納を基本にした表式の記録計算である。しかも，これらの中には記帳方法やそこで使用されている用語の説明が不十分であり，何を求めて記録計算しようとしているのかが曖昧な家計簿もある。以下，収支計算の基本と市販家計簿における記録計算の方法について述べる。

1 収支計算

　一般に「収支計算」と言えば，それは現金についての収入（入り）と支出（出）を対比した計算であり，時に，この収入，支出に所得，消費の意味を含めて使用されることがある。ここで，問題となる点は現金をどのように定義するかである。序章でも述べたように，現金は狭義には法定通貨のみ，広義には預貯金，小切手，約束手形，郵便為替証書などの換金可能な通貨代用証券を含んだ概念である。しかし，家庭生活においては小切手，約束手形，郵便為替などによる受け払いは特別な場合に限られ，日常生活における受け払いの手段は主に狭義の現金（通貨）と当座性預貯金である。以下，収支計算の意味について吟味する。

（1）現金・預貯金の流れ

　今日，日常的な買い物の支払いには前章で述べたように現金決済ばかりでなく，クレジットカード，パソコン，スマートフォン[4]などの利用による決済手段もあり，また，給与や年金の受け入れは銀行口座への振り込みが一般的である。これらは銀行口座を利用しての受け払いであり，「預貯金決済」とでも呼ぶべき決済方法である。この預貯金決済はキャッシュレス時代の象徴でもあるが，現金による決済が完全になくなった訳でもない[5]。ただ，受け払いの手段が銀行の預貯金口座になればなるほど，現金ばかりでなく，預貯金残高の管理も重要となる。例えば，クレジットカードによる買い物の場合，契約上，支払い日の預貯金残高が振替請求額よりも少なければ，契約上，カード会社がその差額を自動的に立て替えることとなり，これに延滞料（利子，手数料）が発生することがある。日頃，預貯金残高の確認が必要である。家庭における現金と預貯金の流れを示せば，図5-1の通りである。

　一般に，給与や年金などの所得としての収入②は図5-1のように銀行口座への振り込みであり，今日，これらの現金による支給は皆無に等しい。外部から入る現金は少額な借金の受け入れ①や，貸付や立替金などの返済金の程度で

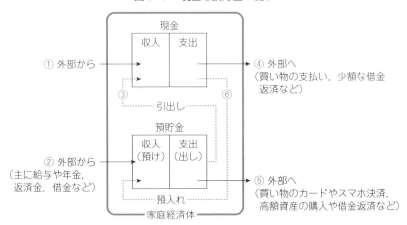

図5-1 現金と預貯金の流れ

あり，現金の形での収入はその大半が自らの預貯金口座からの引出し金③，つまり内部からの収入である。もし，資産を売却したり，借金をした場合，これらを現金で受け入れることもあるが，多くの場合，預貯金口座への振込み②が一般的である。

他方，支出についてはそのほとんどが日常的な買い物への購入支払いであり，しかも，それは現金による支払い④か，あるいはカードやスマホなどを利用した銀行口座からの支払いかのいずれか⑤である。もちろん，支出の中には日常的な買い物ばかりではなく，株式や公社債などの資産購入のための支払い⑤，あるいは借金の返済金⑤なども含まれる。これらはすべて外部への支出である。ただ，預貯金の引き出しのうち，内部への支出としては預貯金を引き出し③，これは手許現金としては収入となる。また，現金の内部への支出として預貯金への預け入れ⑥が希にはあり得る。例えば，現金で購入する予定であった高額な買い物を取り止めて預貯金に戻すような場合である。

(2) 現金出納帳

現金出納帳とは現金（狭義）の収入，支出を記録し，日々，帳簿残高と手許現金の一致を確認するための帳簿である。この帳簿の様式にはいくつかのタイプがあるが，表5-1はその一例であり，記帳の方法は以下の通りである。

第5章　収支計算

表5-1　現金出納帳の例（4月）

月日	摘　要	収　入①	支　出②	残高③＝①－②
4月1日	前頁から	51,600		51,600
〃	米穀店：米代		3,257	48,343
〃	スーパ：野菜購入代		1,682	46,661
4月3日	電気店：電気釜代		23,544	23,117
4月5日	甲銀行：預金引出す	100,000		123,117
〃	立替金の返却	9,000		132,117
4月6日	肉屋：肉代		2,715	129,402
〃	乙銀行：預入れ		50,000	79,402
〃	Ｔ氏に返済		30,000	49,402
4月7日	洋服店：衣類代		25,383	24,019
4月29日	甲銀行：預金引出す	50,000		74,019
4月30日	肉屋：肉代		3,250	70,769
〃	靴屋：革靴（1足）		12,830	57,939
	次頁へ		57,939	
		210,600	210,600	

＊表の記帳は4/8〜4/28には現金取引がなかったものとしての例である。

　この帳簿への記帳は，上記の通り，手許現金の有高と帳簿上の残高とが一致しているか否かを確認しながらの記帳である。摘要欄には項目または勘定科目名，店舗名，商品名，数量などを，つまり現金の入金，出金の相手や目的を簡略に記帳される。帳簿残高と手許の現金高が一致しないことも現実にはあり得る。例えば，現金の紛失や釣り銭の間違いなどである。このような場合，「雑支出」または「雑収入」として計上し，手許現金と帳簿残金を常に一致させる必要がある。なお，普通預貯金については通帳に日付，預け金額，引出し金額，残高が記載されているため，預貯金出納帳のような帳簿を別途に用意し，これに記帳する必要性はない。

（3）現金収支計算

　収支計算という用語は企業における損益計算と同じような意味合いで使用さ

れることもあるが，この用語は町内会，自治会，同窓会，同好会，倶楽部など
の会計でしばしば使用される。このような組織は一般に現金，預貯金以外の資
産を有せず，また負債も存在しないのが特徴である。これらの組織は会計年度
内の会費等の収入，及び活動費，予備費などの支出を年度予算と比較する様式
でまとめ，これを収支計算書として報告される。通常，現金収支計算は現金出
納帳から誘導されるため，収入と支出の差額はゼロはあり得ても，決して負の
値になることはない。また，正の値の場合，この金額は「利益」や「儲け」を
意味するものではなく，次期への単なる現金の「繰越金」に過ぎない。上記の
ような一般的な方法で作成される現金収支計算書は表5-2のようになる。

表5-2　現金収支計算書

〇〇年4月1日～〇〇年4月30日

収入	金額	支出	金額
前期繰入金	51,600	生活費支払い	72,668
銀行引出し	150,000	銀行預入れ	50,000
立替金の戻り	9,000	借金返済	30,000
		次期繰越金	57,932
	210,600		210,600

　表5-2によれば，この一ヶ月間の現金の受入れ額は繰入金51,600円，銀行
からの引出し金150,000円，立替金の戻り9,000円からなり，合計210,600円で
ある。一方，払出し額は生活のための支出，つまり生活費として72,668円，銀
行への預け金50,000円，借金の返済30,000円であり，結局，翌月への繰越金は
57,932円である。また，この期間における手許現金の増減額は＋6,332円（繰
越金57,932円－繰入金51,600円）であり，純増である。もちろん，この繰越金
の大きさは上記のように経営上の良否を意味するものではない。さらに，生活
費を食費，住居費，衣服費などのように細分して，項目を設定すれば，現金で
支払った分の生活費の詳細がこの現金収支計算書に表示される。

（4）現金収支による費得計算

　現金収支計算は上記のように現金についての収入，支出，残高についての記

録計算であるが，ある条件下では「現金収支計算＝費得計算」という等式が成立する場合がある。この「ある条件」とは所得，消費が現金のみで受け払いされ，かつ，現金による資産の取得，売却，あるいは現金の貸し借りがないという条件である。このような条件を満たすならば，現金出納帳に摘要欄を設け，所得と消費の項目を記載することで当該期の費得計算が可能である。しかし，このような条件を満たす家庭は，今日，皆無であろう。単に収入といっても，所得ばかりでなく，預貯金の引出し，借金による収入，土地や有価証券などの売却による収入もある。支出についても同様であり，消費ばかりでなく，預貯金の預入れ，借金の返済，株式の購入などの支出もある。つまり，収入にしても支出にしても，これらには所得と消費に関係する収支と，関係しない収支が混在しているということである。また，現金（狭義）の受け払いを伴わない場合，例えば，給与の銀行口座への振り込みや，買い物の銀行口座からの支払いは現金収支の記録計算の対象外となる。

（5）現金収支の期間対応

現金出納の計上は現金の受入れ，支払いの時点である。しかし，費得の発生は必ずしも現金の出し入れする時点であるとは限らない。したがって，今期の費得であったとしても，これに関わる現金の受け払いがない限り，計上されることはない。逆に，前期またはそれ以前，あるいは次期またはこれ以降の費得であっても，今期の費得として計上されることもある。例えば，前期に購入した下着の代金を今期になって現金で支払ったような場合は今期の消費，前期の給与が今期になって現金で受け取ったような場合は今期の所得となる。また，次期の購入予定で今期にその代金を現金で前払いした場合は今期の消費となる。このように現金収支計算には今期の費得だけではなく，前期，次期に対応する費得も入り混じっている可能性がある。言い換えれば，現金収支は今期の費得に必ずしも対応するとは限らず，対応するのは今期における現金の収入，支出のみである。

以上，現金収支計算には費得取引と財産の交換取引による収入，支出が混在し，また，今期ばかりでなく，前期，次期の費得に関わる収入，支出も含まれ

ている。したがって，現金収支計算に費得を求めることはできない。

2 市販の家計簿

一般に市販されている冊子体裁の「家計簿」は紙媒体であるが，今日，パソコン，スマホなどの普及に伴って，電子媒体による家計簿も見られる。これらの記録計算の基本的な考え方は上記の現金収支計算に準ずるものであり，その目的は「現金の出納」「所得としての収入」「生活費，貯蓄としての支出」を把握し，現金残高を管理しようとすることである。また，市販家計簿には現役中の勤労者家庭を想定し，収入と支出を予算化し，予算額と決算額の比較分析を可能にする家計簿も見られる。もちろん，高齢者家庭を想定した家計簿も散見される。高齢者家庭の場合，年金，利子，配当などが主たる所得源であるが，現役時に貯えた預貯金，株式，投資信託などの貯蓄を取崩した収入も重要な生活資金である。

市販の家計簿はそのほとんどが項目欄と日付欄をあらかじめマトリクス表に配列し，日々の取引をこの表のクロス目に仕訳記入する表式帳簿である。この種の家計簿は一般的に表5-3のような多桁式であり，取引は日付順に記帳され，月単位の集計であり，決算に相当する「締め」は年単位，いわゆる，会計期間は一カ年間である。なお，収支の内容を示す各項目名は家計簿によって異なるが，以下は原則として総務省の家計調査で用いられる「収支項目分類」に準じる項目名である。

（1）現金収支家計簿

表5-3のような現金収支家計簿は表5-1の現金出納帳の「摘要欄」に項目名があらかじめ設定されている様式であり，計算構造上，基本的には現金出納帳と同じである。この家計簿の目的は手許現金の出納管理と同時に，所得としての収入，消費，いわゆる生活費としての支出を把握管理することであり，記録計算の対象となる取引は手許現金の出し入れが伴う取引である。

したがって，所得，いわゆる給与については現金支給，消費については現金

第5章　収支計算

表5-3　現金収支家計簿の例

（　　）月分

日付 項目	1日 摘要	1日 金額	2日 摘要	2日 金額	3日 摘要	3日 金額	4	合計額
収入　前日から繰入								
収入　預貯金引出し					○○銀行	7,580		
収入　その他収入[1]	給与	350,537						
収入　①収入合計								
支出　食費								
支出　家具・住居費								
支出　水道光熱費					水道料	7,580		
支出　家事用品費								
支出　衣服費								
支出　その他消費								
支出　小計（生活費）								
支出　預貯金預入れ	○○銀行	350,537						
支出　その他支出[2]								
支出　小　計								
支出　②支出合計								
翌日へ繰越								

1) 現金による給与，借金，貸付金の返却，及び資産の売却など
2) 現金による貸付金，借金の返済，及び資産の購入など
　＊記帳例は預貯金決済を現金決済と見なした擬制取引の例

支払いのみが記録計算の対象となり，給与の銀行口座への振り込み，買い物の
デビット払い，クレジットカード払い，スマホ払いなどのキャッシュレス決済
は記録計算の対象外となる。すべての取引が現金決済でない限り，会計期間中
に生じたすべての所得，消費の把握は現金収支家計簿では不可能である。

　ただ，第4章でも述べたように，キャッシュレス決済の場合でもあたかも現
金で取引したかのように擬制することによって，給与の受け入れや買い物の支
払いを記録計算することは可能である。つまり，給与の銀行口座への振込みは
振込みの時点で恰も現金で受け入れ，これを直ちに預貯金に預入れしたものと

見なす，また，買い物の銀行口座からの振替え払いは振替えの時点であたかも現金を引出して支払ったものと見なすという擬制である。例えば，表5-3の記帳例は1日に給与350,537円が銀行口座に振込まれ，3日に水道料7,580円が銀行口座から引き落とされた場合である。給与は収入欄の「その他収入」に350,537円を計上し，翌日への繰越に影響しないように支出欄の「預貯金預入」にも計上する。水道料は収入欄の「預貯金引出」に7,580円を計上し，これまた翌日への繰越に影響しないように支出欄の「水道光熱費」にも計上する。すなわち，預貯金決済の場合，これを現金決済として見なすということである[6]。

　また，クレジットカードによる購入の場合，その計上時点を何時の時点にするのかの問題がある。これには次ぎの二通りの方法がある。その一つは計上日を購入時点ではなく，預貯金口座から引き落とされた時点とする方法である。その二つは購入時点で預貯金口座からあたかも現金を引出して支払ったものとし，計上日を購入時点とする方法である。ただ，前者の場合は購入すると同時に債務が発生しているにもかかわらず，この取引は預貯金口座から支払われる日まで計上されず，会計上，空白期間が生じる。一方，後者の場合は購入した時点で現金で支払ったものとするため，債務の発生が生じないことになる。どちらの方法にも債務の発生が計上されない。クレジット購入の場合，厳密な計上は購入した時点で「消費の発生と負債の発生」，預貯金口座から引き落とされた時点で「負債の解消と預貯金の減少」となる。

　翻って，現金収支家計簿は可視的な現金決済を前提とした家計簿である。しかし，キャッシュレス決済でも上記のように「擬制取引」を取り入れれば，すべての取引の記録計算は可能である。とは言え，キャッシュレス決済は電磁的方法であり，不可視的である。このため，現金収支家計簿の場合，記帳漏れや誤記入が生じる危険性があり，カードやスマホ払いの多い家庭では特に注意を要する家計簿である。もちろん，広義の現金，つまり，通貨と預貯金を以て現金とすれば，擬制取引は不要である。ただし，この場合，財布の中の通貨の有高と預貯金の通帳残高を常に確認しなければならない。

（2）収支家計簿と予算家計簿

　上記のように市販家計簿のほとんどは表式簿記であるが，これを大別すれば，以下のような「収支家計簿」と「予算家計簿」とに分けられる。

① 収支家計簿

　市販の「収支家計簿」は給与を受け入れた事実，モノ・サービスを購入した事実，預貯金を出し入れした事実に基づく記録計算である。このため，取引の計上は現金決済やカード決済などの決済方法と無関係となる。このような収支家計簿の記帳目的は所得としての収入から消費，貯蓄への支出を差し引いた残高を，日々，確認しながら，消費額を把握管理し，貯蓄額を増やそうとすることである。言い換えれば，受け入れた月給の未使用額を確認しながら，今後の消費や貯蓄の支出を管理しようとする家計簿である。

　この種の家計簿の例は表5-4の通りである。この収支家計簿と先の表5-3の現金収支家計簿の違いは次の通りである。すなわち，現金収支家計簿は上述のように手許現金の出し入れに基づく記録計算である。一方，この種の収支家計簿は決済方法と無関係であり，所得，消費，貯蓄（借金返済を含む）の発生に基づく記録計算である。このため，手許現金は貯蓄の中に包含され，現金の出し入れ，預貯金の引き出しについての記帳は不必要となる。例えば，会社からの所得としての収入が35万円，消費としての支出が20万円，銀行等への支出としての預貯金が10万円であったとすれば，下記の算式のように，手許現金は5万円増加しているはずである。手許現金は社会通念上の「タンス貯金」であり，明らかに貯蓄の一形態である。この家計簿の使い方の説明ページには明記されていないが，手許現金は貯蓄の中に含まれているものと考えられる。当然，消費が所得を上回れば，預貯金などを取り崩しての生活となる。

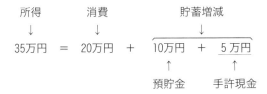

表 5 - 4　収支家計簿の例

（　　）月分

日付		日		日		日			合計額
項目		摘要	金額	摘要	金額	摘要	金額		
収入	給与								
	その他								
	収入合計								
支出	食費								
	家具・住居費								
	水道光熱費								
	家事用品費								
	衣服費								
	衣服費								
	保健医療費								
	交通通信費								
	教育費								
	教養娯楽費								
	租税公課								
	その他消費								
	小計								
	貯蓄・保険								
	借金返済								
	小計								
	支出合計								
	現在高*								

＊現在高（所得の未使用残高）＝ 1 日前の現在高＋当日収入合計－当日の支出合計

② 予算家計簿

　市販家計簿の内，上記のような取引の事実を記録計算する家計簿は比較的少なく，その多くは「予算家計簿」とでも呼ぶべき家計簿である。予算家計簿には「収支予算家計簿」と「支出予算家計簿」の二つのタイプが見られる。前者

は所得としての収入と消費，貯蓄としての支出の両方を，後者は支出のみを予算化し，いずれも，予算額と実績額または決算額を比較する家計簿である。勤労者家庭における予算家計簿の記帳目的は生活のための支出を管理し，貯蓄への支出をいかに増やすかである。すなわち，諸手当を含む給与の範囲内で「現在の消費」と「将来の消費となる貯蓄」をいかに予算立てして管理するかである。また，予算立ての期間は日，週，月，年なども見られるが，最も一般的な期間は一ヶ月間である。予算化する方法には概ね以下の二通りが見受けられる。もちろん，取引計上は上記の「収支家計簿」と同様に，現金決済，預貯金決済，カード決済などとは関係がない。ただ，この種の家計簿の中には，カード決済を一つの項目として設定している家計簿も見られる。

　その一つは諸手当込みの給与と，これに見合う一ヶ月間の消費及び貯蓄への支出を予算化して，日々の消費を管理する方法である。このような予算家計簿は表5－4に予算欄を設けた様式である。給与としての収入が安定的な家庭の場合，敢えて収入を予算立てる積極的な意味はない。しかし，勤労者家庭の中には収入が必ずしも安定的であるとは限らない家庭もある。このような家庭の場合は収入の予算立ても必要であるが，市販の家計簿のうち，収入の予算立てを可能にするような家計簿は少ない。

　その二つは可処分収入（所得）から固定的支出（消費）を差し引いた残りを流動的支出または変動的支出，つまり，裁量幅が比較的大きく，遣り繰りの可能な支出とし，これを項目別に予算化する家計簿である。[7] 予算化する支出の算式は次式の通りであるが，どの支出項目を流動的支出とするか，固定的支出とするかの区分には絶対的な基準があるという訳ではなく，各家庭の考え方次第のようである。特に問題となる支出は貯蓄についての考え方である。

$$予算化する支出（流動的支出）　=　\underbrace{所得（収入－租税公課）}_{可処分所得}－固定的支出$$

　例えば，「余裕があれば，預貯金をする」という考え方では，預貯金の預入れ金は流動的支出となり，これに対して「優先的に預貯金をする」という考え

方では，固定的支出となる。予算家計簿の目的は上記のように貯蓄をいかに増やすかである。この目的を達成するためには，貯蓄を固定的支出として，予算立ての段階で確保する必要がある。つまり，上記の契約料金などと同様に，貯蓄額もあらかじめ給与から確保し，その残りを遣り繰りしなければならない。表5-5は現役の勤労者家庭を想定した家計簿の一例である。この表は家賃，水道光熱，受信料，新聞代，租税公課，保育料，支払利子，及び貯蓄を固定的支出とし，食費，衣服費，住居費，耐久財費，交際費，教養娯楽費，小遣い銭などを流動的支出とした家計簿の例である。当然，年金生活の家庭は貯えることではなく，これまでの貯えをいかに取崩して生活するかが問題であり，むしろ，常々，財産の有高を把握管理することは重要である。

表5-5　流動的支出予算家計簿の例

固定的支出　　　　　　　　　　　　　　　　　　　　　　　　給与日：（　）日

	家賃	水道光熱	受信料	新聞代	租税公課	保育料	支払利子	貯蓄*	合計額
見積額									
実績額									

＊貯蓄：預貯金，株式，信託，貯蓄性保険料，私的年金料，借金返済など

流動的支出

項目 ＼ 日付	予算額	日	日	日	日	合計額	差額
食費							
衣服費							
住居費*							
耐久財費							
交際費							
教養娯楽費							
小遣い銭							
その他							
合計							

＊家賃を除く

第5章 収支計算

以上，市販されている家計簿の概要は上記の通りであるが，多くの家計簿は給与が与件的である勤労者家庭を想定し，消費としての支出を予算化した家計簿である。記帳目的は予算通りの生活を営み，貯蓄がどの程度確保されたかを確認することであり，記帳方法は予算執行の進捗状況を踏まえながらの記帳であり，かつ，現金払い，カード払い，口座振替払いなどの支払い方法に関係なく記帳される。つまり，モノ・サービスを購入したという事実，貯蓄（借金返済を含む）をしたという事実に基づく記録計算である。もちろん，この種の予算家計簿は支出のみの把握であり，当然，「経済剰余（黒字，赤字)」という計算概念はない。敢えて言えば，月末の「純貯蓄増加額」がこれに該当するのであろう。

3　「家計調査」上の収支家計簿

家計の収支に関わる調査は各種の団体や組織などによって実施されているが，これらのうち，総務省統計局による全国規模の「家計調査（収支編)」は聞き取りではなく，日々の取引を所定の『家計簿』に記帳する留め置き方式である。この結果は消費動向分析や経済政策などに広く利用され，また，高等学校の家庭科（必修教科）の教科書にもこの調査による「家計収支」の説明が見受けられる。以下，この調査の手順，帳簿組織，計算体系について概観する。

下記は2020（令和2）年度の「家計調査年報」の「家計調査の概要」及び総務省統計局，都道府県統計課への聞取りによる。なお，この調査における「家計簿」には「単身世帯用」と「二人以上の世帯用」があるが，簿記としての基本は同じである。

まず，この調査の手順は以下のようである。①都道府県庁（統計課）は調査の対象世帯を抽出し，所定の家計簿を協力調査世帯に配布し，記帳方法等の説明を行う。②調査世帯は日々の取引を記帳し，記帳済み家計簿を月毎に都道府県庁に送付する。③都道府県庁は返送された家計簿の誤記などを点検し，これを総務省統計局に転送する。④総務省統計局は転送された記帳済み家計簿の内容を審査し，不明な点があれば，調査世帯または都道府県庁に記帳内容

139

を確認する。⑤総務省統計局は確認済みの家計簿の記帳に基づいてあらかじめ設定された項目に仕訳し，所定の収支計算書等を作成する。

　次ぎに，帳簿組織は次の通りである。「家計簿」と称する帳簿類は平成30 (2018) 年度までは「口座自動振替による支払」「Ⅰ　現金収入又は現金支出」「Ⅱ　クレジットカード，掛買い，月賦による購入又は現物（もらい物（現物給与を含む），自家産，自分の店の商品）」の三種類であった[8]。しかし，これ以降，以下の四種類の帳簿から構成されている。

　Ⅰ　口座自動振替による支払；

　　この帳簿には「請求者に預貯金口座から支払う」という契約に基づく支払額が記帳される。例えば，水道光熱，電話，新聞，住宅ローン返済，家賃，共益費又は管理費，学校給食・授業料，PTA 会費，国民年金掛金，クレジットカード払いの返済などである。また，保険料については「積立」と「掛け捨て」に区分しての記帳である。

　Ⅱ　口座への入金（給与，年金等）；

　　「給与（諸手当を含む），賞与，年金・その他の収入」が預貯金口座に入金された場合，この帳簿にその金額が記帳される。これらの収入から所得税，住民税，健康や介護保険料，厚生年金や雇用保険料など，いわゆる，租税公課（非消費支出）と財形貯蓄（私的年金，住宅など）の控除額分も記帳される。

　Ⅲ　現金収入又は現金支出；

　　現金の収入についてはその種類を，また，支出については品名，用途，数量をこの帳簿に金額と共に記帳され，かつ，「本日の現金残高」も計算され，翌日に持ち越される。正に，この帳簿は先に示した表5-1の「現金出納帳」そのものである。

　Ⅳ　クレジット・電子マネーなど現金以外による購入；

　　購入代金の決済方法は第4章で述べたように多様化し，手許に現金がなくてもモノやサービスが購入できるキャッシュレス時代である。上記の「Ⅰ」もキャッシュレスの一つの形態であるが，現金以外による購入支払いの場合，この帳簿に表5-6の区分に従ってその金額，品名，用途，数

表 5-6　現金以外の購入

クレジット，掛買い，月賦	1　一括払い 2　分割払い
電子マネー	3　プリペイド（前払い） 4　ポストペイ（後払い）
5　商品券	
6　デビットカード	
7　口座間振込等	
8　自分の店の商品	

2018年度（平成30年度）までは「クレジットカード，掛買い，月賦による購入又は現物」【もらい物（現物与，自家産，自分の店の商品）】となっていたが，これ以降，現物欄は削除。

表 5-7　記帳から収支計算書まで

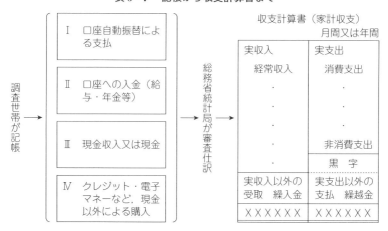

量が記帳される。

　一般的な「家計簿」は所定の記帳目的を達成するために日々の取引をあらかじめ設定された項目に自らが仕訳記入し，期末（月末）に集計または決算するための帳簿である。ところが，この家計調査上の「家計簿」は上記のように受け払いの手段である現金と預貯金を基本にした四種類の帳簿から構成され，調査世帯は日々の取引をこれらの帳簿に記帳するのみであり，集計または決算という会計上の手続きは調査世帯ではなく，総務省統計局によって実施されている。

この理由は次の通りである。この家計調査における収支は表5−7の収支計算書（家計収支）に示されるように収入については「実収入」「実収入以外の受取」「繰入金」，支出については「実支出」「実支出以外の支払」「繰越金」に区分されている。この区分はさらに細かく分類され，特に実支出については第4章でも述べた10項目に，また品目別にも分類されている。もし，調査世帯自身が日々の複雑な取引を分類基準に従って仕訳するとしても，そこには主観的な判断が入る可能性があり，これを避ける必要がある。このことが，総務省統計局が審査仕訳をする主な理由であろう。

なお，この仕訳は「取引の等価交換」を原則としているため，資産の売却損益は計算されない。例えば，100万円で購入した株式を110万円で売却したとしても，100万円の購入とは関係なく，元々，110万円の株式を110万円で売却したものとしての扱いである。つまり，110万円の価値ある株式を保有し，これを110万円で売却したということであり，したがって，「実収入以外の受取」として仕訳られる。

要　約

市販家計簿，家計調査上の家計簿，いずれも消費税込みの価格が記帳上の金額であるが，以上を要約すれば，以下の通りである。

第一に，現金出納帳とは現金の出入りのみを記帳し，常に現金の有高を管理する帳簿である。現金収支計算書は，通常，所定の期間内に現金が如何なる事由で何処から入ったか，何処へ払い出されたかという形で現金出納帳から誘導される。このような現金収支計算書には所得としての収入，預貯金の引出しや資産売却による収入，借金による収入など，また，消費のための支出，預貯金への預入れ，資産形成のための支出，借金返済のための支出などが混在する。

第二に，市販家計簿の多くは多桁の表式簿記であり，所得を与件とし，消費と貯蓄の支出についての「予算家計簿」である。この家計簿の記帳目的は予算と実績との比較を通じて生活費をいかに管理し，預貯金を増やすかである。その記帳は現金決済，預貯金決済，カード決済などに関係なく，モノ・サービス

第5章　収支計算

の取得事実，借金返済を含む貯蓄の発生事実に基づく手法である。さらに，市販家計簿には「経済剰余」の概念は存在しない。いずれにしても，多くの市販家計簿は正規の簿記手続き（網羅性，検証性，秩序性，誘導性など）を欠く帳簿である。

　第三に，総務省統計局による家計調査上の「家計簿」は各家庭が記帳から決算（集計）まで行う一般的な簿記と異なる。つまり，調査世帯は「預貯金口座の出し入れ」「現金の収支」「現金以外の購入」を所定の各帳簿に記帳し，統計局はこの記帳内容を実収入，実収入以外の受取り，実支出，実支出以外の支払いに区分整理し，その決算結果を「家計収支編」として公にしている。一般的な市販家計簿と異なる特徴は「実収入－実支出＝黒字（赤字）」とした「経済剰余」が開示されている点である。この家計調査における家計の収支計算は等価交換を原則とした通貨，預貯金の出し入れを基本とした計算体系である。

第5章　参考文献・注

1）　三束純子「家計簿記普及上の諸問題」『家政学雑誌』Vol.11，No.1，68～73頁，1960年。

2）　山桝忠恕「家計簿記」神戸大学会計学研究室編『第四版　会計学辞典』同文館，1984年，157頁。

3）　田島四郎「第1章　企業会計の内容」『会計学』国元書房，1971年，12頁。

4）　スマートフォンによる「QRコード決済」は前払い，即時払い，後払いの選択が可能である。

5）　経済産業省の調査（2021年6月）によれば，キャッシュレスは決済全体の32.5%であり，今後も増加するとの予想である。

6）　非現金決済を現金決済として擬制すれば，取引を漏れなく記帳できるが，これでは現金収支計算の本来の意味が薄くなる。

7）　固定的な支出，流動的な支出の言い方は家計簿によって異なる。例えば，固定的な支出は「固定支出」「決まって出ていくお金」「決まっている支出」などであり，流動的な支出は「やりくりできる支出」「今月の使えるお金」「やりくり生活費」などである。

8）　給与，年金等の収入が預貯金口座に振込まれた場合，従来の家計簿では，この取引は「I現金収入又は現金支出」の現金収入欄に記帳すると同時に，これを預貯金口座に直ちに預け入れたものとして現金支出欄に記帳される。いわゆる，擬制取引としての処理である。

第 6 章
単複式家庭簿記

序章でも述べたように，簿記とは経済主体の様々な経済的行為を所定の目的に従って記録計算する手法である。この経済主体には営利を目的とした企業ばかりでなく，福利厚生を目的とする公益法人や教育を目的とする学校法人などの非営利組織体，及び家庭や個人も含まれる。特に企業には，法律上，正規の簿記手続きに従って記録計算された財務諸表（貸借対照表，損益計算書，キャッシュ・フロー計算書など）を開示する義務がある。これに対して家庭や個人についてはこのような開示義務はなく，家庭簿記の記帳は飽くまでも自発的な行為であり，この記帳目的は合理的で健全な家庭経営のために一家の財務状況を会計情報として把握することである。簿記にもいくつかの手法があり，これらの中でも「複式簿記」が最も優れていると言われ，ゲーテをして「複式簿記は人間精神の最も立派な発明品の一つ」と言わしめたほどである[1]。これを受けてのことか，「家庭簿記も複式簿記によるべし」とする考え方があり，その啓発書やテキストが散見される。しかし，複式による「家庭簿記」がどの程度普及しているかは定かではないが，第 5 章で述べた通り，市販の家計簿の多くは支出を中心とした，つまり，消費と貯蓄のための支出を予算立てた表式による簿記である。以下，現金（通貨）の受け払いを記帳ベースとする単記複計算による「家庭簿記」について述べる。これ以降，この家庭簿記を「単複式家庭簿記」と呼ぶこととする[2]。

第 6 章　単複式家庭簿記

1　簿記の基本事項

　家庭には経済価値の貯え（貯量）と流れ（流量）があり，この両者は互いに関連しながら日々刻々と変化している。家庭簿記はこれらの変化を組織的かつ統一的に記録計算する手法でなければならない。このためには家庭簿記を論ずる場合も，第 1 章で述べた会計の前提を確認し，かつ簿記特有の概念を明確にして置く必要がある。以下，簿記の記帳にとって最も基本的な事項について述べる。

（1）会 計 単 位
　家庭経済の管理方法には第 1 章で述べたように一元的経済管理と個計的経済管理とがある。以下に述べる単複式家庭簿記は一元的経済管理の家庭を前提とし，簿記の対象とする会計単位は図 6 - 1 の通りである。個計的経済管理の家庭の場合，一家に二つ以上の会計単位が存在することになり，消費については各会計単位に「共通消費」とでも呼ぶべき勘定科目の設定が必要である。
　なお，「小遣い銭」はこれを受け入れた各自の管理であるが，たとえ，財布の中に小遣い銭があろうとも，当該会計単位が小遣い銭を各自に渡した段階で「消費」されたものと見なし，小遣い銭の使途は当該会計単位の管理外である[3]。

図 6 - 1　会計単位の設定

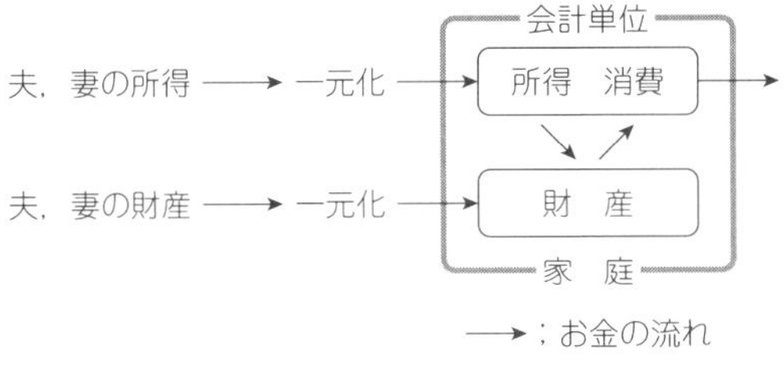

（2）会 計 期 間
　費得は期間計算，財産有高は時点計算である。この期間と時点はまったく

147

別々ではない。すなわち，期首，期末は日付の「時点」であり，この日付の間が「期間」である。例えば，期首を1月1日，期末を12月31日の場合，期間は1月1日から12月31日の一ヶ年間である。また，期間は「○年○月○日〜△年△月△日」，時点は「○年○月○日現在」または「△年△月△日現在」という形で表記され，必ず「年」が明記される。

　家庭簿記の場合，このような会計期間をいかにすべきかが問題である。期間については原理的には「一日間」「二日間」という期間も設定可能ではあるが，一般的には一カ年間である。また，期首，期末の日付については生活慣習上，または行政手続き上の区切りが好都合である。具体的には1月1日から12月31日まで，あるいは4月1日から翌年3月31日までの一ヶ年間のいずれかであろう。所得税の確定申告における「所得期間」は原則として前者であり，家庭簿記もこの日付に合わせた方が好都合である。もちろん，月別に比較分析する場合，月によって日数が異なるため，要注意である。

（3）貨幣測定

　会計上の価値額は通貨の単位で測定表示され，わが国の場合，日本銀行券と硬貨の単位，すなわち，「円」である。したがって，外貨預金や海外旅行の場合，当該国の通貨を「円」通貨に換算する必要がある。また，一般に財産や資産などと称されるものでも，貨幣による測定が不可能な事象は会計の対象外である。

（4）剰　余

　収支計算において，収入，支出の差額がプラスの場合は「黒字」，マイナスの場合は「赤字」と一般的に称される。今，この「黒字」「赤字」を他の用語で表現するとすれば，それは「経済剰余」または「剰余」であろう。この「剰余」という用語は，通常，企業会計で使用され，それは企業の営業活動の結果を示す「利益剰余」と資本取引の結果を示す「資本剰余」とに区分される。もし，「剰余」という用語を家庭会計にも使用するとすれば，その概念は会計期間中における生活の結果として生じた経済的な「余裕」である。この余裕は決

して一般的に言われる商売上の「儲け」や営業上の「利益」概念ではない。

　経済剰余を求める計算方法には財産法と損益法（ここでは費得法と言う）とがある。前者は期末，期首の正味財産の差額を，後者は所得と消費の差額を求める方法である。ただ，財産法の場合は経済剰余をもたらした原因については不問である。つまり，経済剰余が過剰な倹約によってプラスになったのか，あるいは過剰な贅沢によってマイナスになったのかなどの分析はできない。この分析を可能にする方法は費得法である。

（5）簿記会計上の取引

　単に「取引」と言えば，それは，社会通念上，商談，売買契約，約束，事前交渉などにおける成立を意味することが多い。しかし，簿記における取引とは「資産，負債，正味財産，つまり財産の増減変化をもたらすこと」である。食料や衣服などを買うことも，給与が預貯金口座に振込まれることも，銀行から預貯金を引き出すことも取引である。さらに，火災や自然災害（風水，雪，落雷，地震）などの被害，現金の紛失，拾得金・物（遺失物法上，所有権の確定後），相続・被相続，贈与・受贈なども財産の増減変化をもたらす以上，簿記上の取引である。

　取引は会計単位を基準にその発生場所に従って内部取引と外部取引に，発生時期に従って開始取引，期中取引，決算取引に，さらには，費得の発生如何に従って交換取引，費得取引，混合取引などに分類される。これらの取引には必ず二つの側面がある。例えば，食料品を現金払いで購入すれば，消費が発生する一方で現金が減少し，また，給与が預貯金口座に振り込まれれば，所得が発生する一方で預貯金が増加する。株式の売却代金が預貯金口座に振り込まれれば，株式という資産が減少する一方で預貯金という資産が増加し，現金を借り入れれば，現金という資産が増加する一方で債務が発生する。このように一つの取引といえども，そこには必ず価値の等しい二つの側面があり，この両面の記帳が「複記（複式簿記で言う「借方」と「貸方」）」である。これに対して，一つの側面の記帳が「単記」である。例えば，パンとジャムの購入に1,500円を支払った場合，食費が発生した事実のみの記帳であり，クレジットカードで

支払ったのか，現金で支払ったのかは不問である。もし，現金で支払ったとすれば，現金1,500円の支出を記帳し，食費は備忘欄または摘要欄に「食費」と記載するだけである。

（6）計算の対象

　経済組織体の経済価値は上記のように貯量と流量とからなる。計算の対象がこの二つの側面である場合が「複計算」であり，このいずれかを計算する場合が「単計算」である。一般的に，貯量についての計算は「財産計算」「貸借対照表計算」，流量についての計算は「収支計算」「損益計算」などと呼ばれる。小規模な非営利組織体（自治会，町内会，同窓会，同好会など）は会費としての収入を当該年度中にすべて支出することを原則として，収支という流量のみの計算である。複式簿記は複記帳，複計算の記録計算体系であるが，厳密に言えば，「複式簿記」ではなく，「複記複計算式簿記」または「複複式簿記」とでも言うべきである。

2　勘定科目の設定

　勘定と言う用語は日常生活においてもしばしば使用される。例えば，店舗の会計カウンターで「勘定はお幾らですか？」とか，「勘定が合わない」と言った具合である。このような場合の「勘定」は支払い金額，あるいは差し引き計算の意味である。以下，簿記における「勘定」とは何かについて述べる。

（1）簿記上の「勘定」

　これまでに「勘定」または「勘定科目」という用語を使用してきたが，簿記における「勘定」を改めて定義すれば，次の通りである。勘定とは様々な取引の内，同質的，共通的な取引を，または同様の用途を持つ取引を一つにまとめて整理する記録計算上の単位のことである。言わば，勘定とは様々な取引を分類整理するための箱，レッテル，アドレスのようなものである。この箱に名称を付した「勘定科目」は事前に設定されていなければならない。市販家計簿の

場合，勘定科目は「項目」「種目」「科目」などと表記されるが，これらの意味はすべて同じである。家庭簿記の場合，消費については用途別の，所得については所得源別勘定科目の設定が一般的である。ただ，市販の表式家計簿の中には，消費ばかりでなく，所得に関わる勘定も含めて「費目」「品目」と称している場合がある。このような名称は誤解を招く恐れがあり，避けなければならない。

（2）勘定科目の設定

　勘定は大別して財産系と費得系とに分けることができる。極端な場合，財産系として「資産」「負債」「正味財産」，費得系として「消費」「所得」という勘定科目，計5つの設定でも，計算体系上，不都合はない。しかし，これらのみの会計情報では，経営管理上，十分であるとは言い難い。例えば，所得についてはそれほどでもないが，単に資産と言ってもその内容は手許現金，預貯金，株式，建物，土地など，また消費についても食費，衣服費，住居費，水道光熱費など，様々である。さらに，すべての家庭に共通して必要な勘定科目もあるが，すでに述べたように，具体的な勘定科目の設定はどのような家族周期の段階にあるのかによって異なる。親子同居期（育児・保育や教育の時期）の家庭，夫婦同居後期（子の巣立ち以降）の家庭，高齢者（年金暮らし）の家庭とではその生活内容が必ずしも同じであるとは限らない。例えば，30～50歳代の勤労者の家庭に「年金収入」を，また，高齢者の家庭に「保育費」を設定しても意味がない。

① 財産系勘定

　財産系勘定とは長期にわたって生活に関わる資産，負債を記録計算するための勘定であり，「正味財産」も財産系の勘定である。第2章で述べたように資産については，経営上，金融資産と物的資産の区分が，また，負債については短期と長期の区分が有益である。具体的な勘定科目の設定例は後述の表6-1の通りである。ただ，財産系勘定科目の設定で問題となる点は「臍繰り」を勘定科目として設定するべきか否かである。臍繰りといえども家庭内に存在する

限り，財産の一種である。しかし，臍繰りの源泉は小遣い銭であるとするなら
ば，先にも述べたように小遣い銭は当該会計単位から渡された段階で使用され
尽くしたものとの扱いである。したがって，会計上，存在しない臍繰りを財産
系の勘定科目として設定することに矛盾が生じる。もちろん，小遣い銭は次に
述べる費得系の勘定に属する。

② 費得系勘定

　費得系勘定とは正味財産の増減をもたらす所得と消費を記録計算するための
勘定科目である。この勘定の設定例は所得については第3章の表3−1，消費
については第4章の表4−1，表4−2，表4−3の通りである。なお，市販の
家計簿の中には，食生活，衣生活に関わる勘定科目名に「食料費」「衣料費」
という名称が散見される。この名称は食材料や被服材料を購入し，これを家庭
内で加工調理，裁断縫製するということが前提となっている。しかし，今や，
インスタントやレトルト食品，また既製衣服の購入が一般化し，普内食，中食，
外食を含め「食費」，服地の購入も含め「衣服費（履き物や帽子などを含む）」
と称した方が生活感に合致する。

3　会計帳簿

　人間の記憶には限界があり，日々多様な取引を順序正しく記憶し，決算する
ことは不可能である。そこで，取引を記録する会計帳簿が必要となる。会計帳
簿には仕訳帳，元帳，補助元帳，現金出納帳，財産台帳などがあるが，これら
の内，特に仕訳帳と元帳が最も基本的な会計帳簿である。以下，仕訳帳，元帳
とは何かについて述べる。なお，仕訳帳の「帳」，元帳の「帳」は冊子体裁の
帳面を連想させるが，必ずしも本やノートなどのような綴り体裁である必要は
ない。今日，記録手段には紙媒体ばかりでなく，電子媒体も含まれる。後者の
場合は「帳」と称するよりも「仕訳ファイル」「元ファイル」とか，「仕訳ホル
ダー」「元ホルダー」といった方が適切かもしれない。

第6章　単複式家庭簿記

（1）仕 訳 帳

　上記のように簿記記帳に際して，単式や複式などの簿記様式を問わず，勘定科目の設定に続いて，取引の仕訳手続きが必要不可欠である。家庭に生じた様々な経済的事象を発生順に書き留めるは単なる日記帳に過ぎない。取引はどのような簿記様式であっても次の手順に従って仕訳られる。第一に当該経済事象が簿記上の取引に該当するか否かを判断し，第二に取引の勘定科目と金額を決定し，第三に取引の日付順に記帳する。仕訳とはこのような手順に従って日々の取引を整理することであり，仕訳帳とは仕訳られた勘定科目名とその金額を取引の発生順に記帳するための帳簿である。また，仕訳帳は次に述べる元帳を兼ねる様式もある。

（2）元 　帳

　元帳とは財産についてはその各勘定の増減変化を，費得についてはその各勘定の発生を記録計算するための帳簿であり，かつ，決算の「元」になる帳簿である。例えば，「現金」についての元帳は現金の出納を，「食費」についての元帳は食生活に関わる消費を記録計算するための帳簿である。なお，市販の表式家計簿は上記の仕訳帳と元帳を兼ねた様式，つまり，取引を元帳に直接仕訳記帳する様式である。

（3）財 産 台 帳

　財産台帳とは当該会計単位に帰属する財産目録であるが，企業では資産台帳とも称され，資産を管理する重要な会計帳簿の一つである。しかし，一般的な家庭においては「財産台帳」と称するほどでもなく，後述する「財産表」からの会計情報で十分である。

（4）補 助 簿

　簿記における主要簿は上記の仕訳帳と元帳（総勘定元帳）であるが，補助簿とはある特定の勘定科目について，その内容，詳細を補助する帳簿である。例えば，「普通預貯金」の勘定科目を各銀行の預貯金を一括した統括勘定科目で

153

ある場合，取引がどの銀行口座との取引であるかが不明である。この問題を回避するためには「普通預貯金」を補助する銀行口座ごとの勘定科目が必要となる。ただ，家庭簿記の場合，新たに補助簿を作らずとも，銀行通帳そのものを補助簿として位置づけることが可能である。もちろん，株式などの売買を頻繁に行う家庭にあっては，銘柄，社名，取得日，取得額などを記録する補助簿の作成が必要となる。

（5）家 計 簿

　一般に「家計簿」と呼ばれる帳簿も会計帳簿の一種である。多くの市販家計簿は第5章で検討したように，支出，つまり消費（生活費）ための支出と貯蓄のための支出を予算化した支出簿である。しかも，日々の取引は表式による記帳様式であり，勘定科目の設定数は多くても6〜7科目程度である。この程度の科目数であれば，すべての勘定科目は工夫次第でA4〜A5判一頁に収まる。

　表式家計簿の利用条件は，勘定科目数が少ないことであるが，表式家計簿の記帳は取引を直接該当する勘定科目欄に仕訳記帳する簡便な方法であり，言わば，表式家計簿は上記で述べたように仕訳帳と元帳を兼ね備えたような様式である。この簡便さが表式家計簿の長所ではある。しかし，上記のように勘定科目の設定には両面の面積の大きさから技術的な制約がある。費得系勘定ばかりでなく，普通預貯金，定期預貯金，貯蓄性保険，株式，借入金などの財産系勘定も設定するものとすれば，表式簿記には技術的な制約が生じることがある。

4　単複式家庭簿記の手法

　所得や消費ばかりでなく，財産状況についても把握しようとする場合，その手法として複式簿記がある。しかし，以下に述べる「単複式家庭簿記」もこれらの把握が可能である。以下，この簿記の手法について述べる。

（1）記帳から決算

　まず，取引をその発生順に従って，以下で述べる「現金収支帳」に仕訳記帳

第6章　単複式家庭簿記

する。次に，仕訳られた取引を現金収支帳から該当する各元帳（単複式簿記では「集計表」とも称される）に転記する。最後に，各元帳の残高に基づいて費得計算書（費得系勘定を整理した一覧表）と財産的収支表（または財産表）を作成する。このような簿記上の基本手順は複式簿記と変わるところがなく，この簿記の手順も［取引→仕訳記帳→元帳転記→決算（集計）］という一連の流れである。

（2）収支の区分

　家庭における収入，支出の内容は多様である。例えば，給与を受け入れること，銀行預貯金口座から現金を引き出すこと，借金をすること，祝金を貰うこと，これらはすべて収入である。他方，購入代金を支払うこと，銀行預貯金口座に現金を預け入れること，借金を返済すること，お金を紛失すること，これらはすべて支出である。多くの場合，「収入」「支出」は現金の出納を基準にした表現であるが，正味財産の増減を伴う取引と単なる財産形態の変更に過ぎない取引とを区分する必要がある。例えば，給与の受け入れ金も預貯金の引き出し金も等しく収入であるが，前者は財産の純増，いわゆる所得であり，後者は財産形態の変更に過ぎず，「収入にして所得にあらず」である。支出についても同様，食品への支払い金も預貯金への預け入れ金も等しく支出であるが，前者は財産の純減，いわゆる消費であり，後者は財産形態の変更に過ぎず，「支出にして消費にあらず」である。したがって，このように単に「収入」「支出」と言っても，そこには性質の異なる内容が含まれる。そこで，これを次のように区分する。

① 所得的収入と財産的収入

　収入とは経済価値のあるものを受け入れることであるが，この内容を大別すれば，正味財産を増加させる受け入れと正味財産の増加とは関係のない受け入れとがある。ここでは，前者を「所得的収入」，後者を「財産的収入」と定義する。この具体例は図6-2の通りであるが，給与，利子，配当などの受け入れは所得的収入である。これに対し，預貯金の引き出しや借り入れなどの収入

155

図 6-2　収支の区分

```
                ┌ 所得的収入：給与、利子、配当、地代、年金、拾得金、資産売却の差益
         ┌ 収　入 ┤              など
         │      └ 財産的収入：預貯金の引出し、株式や土地などの売却、借入金など（財
収　支 ┤                        産の取崩し）
         │      ┌ 消費的支出：食べ物、衣服品、住居修繕、育児・教育、税金、紛失金、
         └ 支　出 ┤              資産売却の差損など
                └ 財産的支出：預貯金の預入れ、株式や土地などの購入、借入金の返済な
                              ど（財産の形成）
```

は財産の単なる形態変更に過ぎない受け入れであり，財産的収入である。

　ただ，留意すべきは一つの取引に所得的収入と財産的収入の両者が含まれる場合である。当然，このような取引の場合，この両者を区分しなければならない。例えば，貸付金が利子込みで返済された場合，貸付けた元金の返却部分は財産的収入であり，利子の部分は所得的収入である。

② 消費的支出と財産的支出

　支出とは経済価値あるものを払い出すことであり，このうち，正味財産を減少させる払い出しを「消費的支出」，これに対して正味財産の減少に関係のない払い出しを「財産的支出」と定義する。例えば，モノ・サービスの購入支払いは言うに及ばず，紛失金や盗難金なども正味財産を減少させる以上，特別な消費的支出である。これに対し，預貯金口座への預け入れや資産の購入のための支払いは財産的支出である。つまり，消費的支出は生活のための支出，財産的支出は財産の形成または形態の変更に伴う支出である。もちろん，借金返済の場合，上例の貸付金の返済を受ける場合とは逆になり，元金の返済部分は財産的支出であり，利子の部分は消費的支出である。

　ところで，上記の所得的収入と財産的収入は総務省家計調査で言う「実収入」「実収入以外の受取り」，また消費的支出と財産的支出は「実支出」「実支出以外の払い」に呼応する。しかし，ここでの財産的収支と総務省の実収支以外の収支との間に計算構造上の違いがある。すなわち，ここでの財産に関わる計算とは財産の「出入り（フロー）」とその「有高（ストック）」の両方である。これに対して，家計調査の場合は財産のフローに関わる局面のみの計算であり，財産の有高そのものは記録計算の対象外である。このため資産売却によ

る差益，差損の計算は不可能である。この計算は簿記の中に財産残高または有高についての会計情報があってはじめて可能である。[4]

（3）財　産　表

　現金についてのみの収支計算の場合，現金以外の財産の出し入れやその有高がどのようであろうとも，このことは無関係である。しかし，財産を含む計算体系の簿記においては，まず，記帳開始時（期首）の資産，負債，正味財産を把握する必要がある。財産表とはこれらを一覧にした表のことである。この財産表は，通常，財産台帳に基づいて作成される。しかし，家庭の多くは財産台帳を作成していないことが想定される。このような場合，家庭共通としての財産を実査（第2章参照），つまり単独財産計算によって財産表を作成せざるを得ない。もちろん，期末の財産表は単独財産計算ではなく，現金収支表及び財産系勘定科目の元帳から誘導される。いわゆる，関連財産計算である。帳簿上の残高と現実の有高は，計算上，必ず一致する筈であるが，「勘定合って銭足らず」ということもあり得る。もし，この両者に差異がある場合は，その原因を究明し，正しい財産表を作成しなければならない。

　表6-1は単独財産計算よって作成された財産表の一例である。金融資産と負債についての評価額は額面額そのものであるが，物的資産の内，自動車と住宅（建物）については減価償却費計算における未償却額であり[5]，土地については固定資産税の課税標準額，または相続税上の路線価である。なお，表6-2は期首の財産有高ばかりでなく，期中の財産変動高，期末の財産有高をも記入できる様式であり，この表の詳細については後述する。

（4）帳　　簿

　この簿記の帳簿は「現金収支帳」と「元帳」である。また，上述のように共通財産とした預貯金については各銀行の通帳自体を補助簿として位置付ける。

① 現金収支帳
　日々の取引は原則として現金の出納に基づき，下記の記帳等式に従って表

表6-1　財産表の例

勘定科目			期首有高 （1月1日）	財産変動		期末有高 （　月　日）
				財産的収入	財産的支出	
資産	金融	現　金	118,368	（減）	（増）	
		普通預貯金	3,350,152			
		定期預貯金	2,540,724			
		貯蓄性保険	2,487,637			
		有価証券	990,832			
		その他資産	15,000			
		小　計	9,502,713			
	物的	自動車	1,428,125			
		住宅（建物）	3,501,667			
		土地	1,245,542			
		小　計	6,175,334			
	合　計		15,678,047			
負債	短期	Mクレジット	93,447			
	長期	自動車残債	375,258			
	合　計		468,705			
正味財産			15,209,342			

＊その他資産；商品券など　　正味財産；資産－負債

6-2の現金収支帳に仕訳記帳される。

　この現金収支帳は仕訳帳と現金勘定の元帳を兼ねた様式であり，この意味において，市販の表式家計簿と同じである。しかし，この両者の間には次のような違いがある。まず，この現金収支帳には市販の表式家計簿のような勘定科目を表式化していないことである。次に，現金の出納を伴う財産の出し入れ，例えば，株式，自動車，土地などの売買，借入金の受け入れとその返済などの取引についても記帳されることである。さらに，現金の出納が伴わない取引は後述する「擬制取引」として仕訳記帳されることである。ただし，評価を伴うよ

158

表6-2 現金収支帳

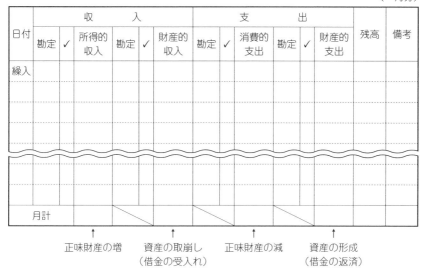

記帳等式；
(所得的収入＋財産的収入)－(消費的支出＋財産的支出)＝現金増減

うな場合，例えば，中元や歳暮など，モノで受け入れた場合，物々交換をした場合，自家生産物を自家消費またはプレゼント（お裾分け）した場合などは記帳の対象外である。

　ある会計期間（ここでは「集計期間」とも言う）における経済剰余は現金収支帳の合計欄から次式によって算出できる。もし，経済剰余がこの両式によって異なれば，記録計算に誤りがあったことを意味し，現金収支帳を点検する必要がある。

　　経済剰余＝(所得的収入月計－消費的支出月計)
　　または（財産的支出月計－財産的収入月計)＋現金の増減

② 元　帳

　先にも述べたように元帳とは取引を勘定科目別に記録計算する帳簿のことである。実務上，一頁に複数の元帳開設でも支障はない。通常，「食費」と「預貯金」を除く取引頻度は一ヶ月間に，あるいは一ヶ年間に数回程度の場合もある。このような取引頻度と一ヶ月ごとの集計期間を念頭にした元帳の例は下記の表6-3，表6-4の通りである。言うまでもなく，勘定科目の設定数や取引数は各家庭の事情によって異なる。このため，必要とする元帳の数，一つの元帳の行数も必然的に異なる。また，「備考」欄は必ずしも必要ではない。

③ 現金収支帳の記帳方法

　現金収支の様式については上記の表6-2の通りであるが，これへの記帳方法は以下の通りである。

　①「日付」欄には取引の日付順に記入する。

　②「勘定」欄には該当する勘定科目の略称名を記入する。略称名の例は表6-5の通りである。

　③ 仕訳金額を該当する「所得的収入」「財産的収入」「消費的支出」「財産的支出」の欄に記入する。

　④「✓」欄には現金収支帳の金額が元帳に転記されたことを確認して，チェックマークを記入する。元帳に番号を付してある場合はその番号を記入する。

　⑤「残高」欄には取引毎または日付毎に現金の収入金額と支出金額の差額が手許現金の有高と一致していることを確認して，その金額を記入する。

　⑥「備考」欄には数量や店舗名などを記入する。

表6-3

所得的収入の元帳の例

（　　月分）

給与			資産運用収入			その他			特別所得		
日付	金額	備考	日付	金額	備考	日付	金額	備考	日付	金額	備考
月計			月計			月計			月計		

消費的支出の元帳の例

（　　月分）

食費						住居費			水道光熱費		
日付	金額	備考	日付	金額	備考	日付	金額	備考	日付	金額	備考
			月計			月計			月計		
			衣服費			租税公課			その他・雑費		
			月計			月計			月計		

表 6 - 4　財産的収支の元帳の例

（1）資産　　　　　　　　　　　　　　　　　　　　　　　　　　　　　　　　（　　月分）

普通預貯金							
日付	財産的収入	財産的支出	備考	日付	財産的収入	財産的支出	備考
				月計			

〜

住宅（建物）				土地			
日付	財産的収入	財産的支出	備考	日付	財産的収入	財産的支出	備考
月計				月計			

（2）負債・正味財産　　　　　　　　　　　　　　　　　　　　　　　　　　　（　　月分）

住宅ローン				自動車ローン			
日付	財産的収入	財産的支出	備考	日付	財産的収入	財産的支出	備考
月計				月計			

〜

その他借金				正味財産			
日付	財産的収入	財産的支出	備考	日付	財産的収入	財産的支出	備考
月計				月計			

第6章　単複式家庭簿記

表6-5　勘定科目略称名の例

消　費				所　得	
勘定科目名	略称	勘定科目名	略称	勘定科目名	略称
通常消費 食費	食	運送通信費	運通	経常所得 給与	給
衣服費	衣	医療衛生費	医衛	資産運	資運
住居費	住	教育文化費	教文	その他収入	雑収
家財機器費	家機	租税公課	税等		
水道光熱費	水光	その他雑費	他雑	特別損失	特損
交通費	交通	特別所得	臨得	経済剰余	剰余

＊運送通信費；宅急便，光ファイバー料金，郵便切手料金等

資　産				負債・正味財産	
勘定科目名	略称	勘定科目名	略称	勘定科目名	略称
現金	現	自動車	自	クレジット	クレ
貸付金	貸	地金	金	買掛金	買掛
普通預貯金	普預	建物	建	未払金	未払
定期預貯金	定預	土地	土	自動車ローン	車ロ
積立預貯金	積預	その他資産	他資	住宅ローン	住ロ
貯蓄性保険	貯保			教育ローン	教ロ
株式	株			その他借金	他借
公債・社債	債			正味財産	正財

④　擬制取引

　現金収支帳への記帳は現金の出納に基づくことが原則であるが，取引のすべてが現金決済であるとは必ずしも限らない。この原則に従えば，財産の増減変化をもたらす取引でも，実際に現金の出納が伴わないような取引は記帳の対象外となる。しかし，第5章で述べたように，現金の出納がなくとも恰も現金の出し入れがあったかのように擬制し，記帳することは可能である。例えば，預貯金口座からの振り込み支払いの場合，この口座から現金を，一旦，引き出し，この現金で支払ったものと見なす擬制である。また，給与などが預貯金口座に振り込まれた場合も同様，給与を現金で，一旦，受け取り，これをこの預貯金

口座に預け入れたものとすることである。つまり，擬制取引とは実際に現金の出納が伴わない場合でも，現金の出納があったかのように見なす取引である。このような擬制取引は必ず収入欄と支出欄の金額が同額記帳（複記）となり，現金残高に影響を与えることはない。実際の現金出納のみを以て記帳するとすれば，キャッシュレス決済は記帳外となり，費得計算や財産計算に重大な影響を与える。

5　現金収支帳の記帳例

　以下に述べる記帳例は第1章で述べた一元的経済管理の家庭，具体的には夫（会社員），妻（パート勤務），第一子（公務員），第二子（就学中）の四人家族の家庭である。この家庭は夫婦の財産，所得（第一子からの食費代相当の繰入れ金を含む），消費を一元化し，一家の財務状況を把握しようとする家庭のモデルである。なお，会計期間は「1月1日～12月31日」であるが，集計は一ヶ月単位である。また，第一子は親と同居しているが，その会計は独立した会計単位である。今，1月1日～1月31日の一ヶ月間における経済行為が以下のようであったとすれば，現金収支帳への記帳は表6-6の通りである。購入金額は消費税込みの金額であり，勘定科目の設定は表6-5に準じる。

1月1日　お年玉（小遣い銭）として，第二子に現金10,000円を渡す。
　　5日　Eスーパーでの食料品購入代金7,692円をポイントで692円，現金で7,000円を支払う。
　　7日　K銀行口座から現金50,000円を引き出す。
　　8日　Sコンビニ店でビールを購入し，現金3,586円を支払う。
　　9日　Eスーパーで下着と靴を購入し，代金8,287円をMクレジットカードで一括払いとする。
　　10日　Eスーパで魚と野菜を購入し，代金6,074円をMクレジットカードで一括払いとする。
　　12日　電話料金4,281円，及び電気料金7,627円がY銀行口座から引き落とされる。
　　15日　K銀行口座から先月のMクレジットカード購入代金42,851円が引き

落とされる。

16日　古新聞，古雑誌とトイレットペーパーと交換する。Ａ食品店で果物，魚，野菜等を購入し，現金6,826円を支払う。

17日　Ｊ電気店で圧力炊飯器を購入し，代金52,800円をＭクレジットカードで一括払いとする。第一子より食費代として，現金30,000円を受け取る。

19日　Ｓコンビニで750円の雑誌，387円の菓子を購入し，現金1,137円を支払う。

21日　Ｂ店で牛肉を購入し，現金3,452円を支払い，Ｅスーパで野菜と米を購入し，代金5,218円をＭクレジットカードで一括払いとする。子どもの参考図書をＲ書店で購入し，現金1,582円を支払う。

22日　4,860円のインクカートリッジを購入し，商品券4,000円，現金860円を支払う。甲社の株式が225,000円で売れ，手数料等475円が差し引かれ，224,525円がＹ銀行口座に振り込まれる。ただし，この株式は財産表上の有価証券990,832円の内の200,000円（甲社株の取得額）である。

25日　給与（諸手当を含む）310,820円から租税公課41,603円が差し引かれ，269,217円がＫ銀行口座に振り込まれる。Ｋ銀行口座からＹ銀行口座に100,000円を振替える。夫の昼食代を含む小遣い銭50,000円を現金で渡す。

27日　Ｅスーパで魚，野菜等を購入し，代金4,946円をＭクレジットカードで一括払いとする。Ｙ銀行の普通預金通帳に利息145円の記入があった。不織布マスクを購入し，現金713円を支払う。

28日　Ｋ銀行の普通預金の内，350,000円を定期預金に振り替える。

29日　夫，Ｎ医院で診療と薬の代金3,370円を現金で支払う。

30日　妻のパート代金71,000円から税金2,100円を差し引き，68,900円がＹ銀行口座に振り込まれる。同口座から30,000円を引き出し，妻の小遣い銭とする。ガソリン代5,283円を現金で支払う。

31日　Ｅスーパで魚，野菜，果物等を購入し，代金5,405円をＭクレジットカードで一括払いとする。自動車ローンの残債を375,258円をＫ銀行口座から支払う。

　1月1日〜31日における経済行為の記帳例は表6-6の現金収支帳の通りであるが，仕訳記帳上，注意すべき点がある。

　第1に，1日，25日，30日の「小遣い銭」の簿記上の扱いである。上記のよ

表6-6 現金収支帳

日付	収入（円） 勘定	✓	所得的収入	勘定	✓	財産的収入	支出（円） 勘定	✓	消費的支出	勘定	✓	財産的支出	残高	備考
繰入													118,368	先月より
1/1							他雑	✓	10,000				108,368	お年玉
1/5							食	✓	7,000				101,368	Eスーパ
1/7				普預	✓	50,000							151,368	K銀行
1/8							食	✓	3,586				147,782	Sコンビ
1/9				クレ	✓	8,287	衣	✓	8,287				147,782	Eスーパ
1/10				クレ	✓	6,074	食	✓	6,074				147,782	〃
1/12				普預	✓	4,281	運通	✓	4,281				147,782	電話代
〃				普預	✓	7,627	水光	✓	7,627				147,782	電気代
1/15				普預	✓	42,851				クレ	✓	42,851	147,782	カード
1/16							食	✓	6,826				140,956	A食品
1/17				クレ	✓	52,800	家機	✓	52,800				140,956	カード
〃	雑収	✓	30,000										170,956	子より
1/19							他雑	✓	750				170,206	Sコンビ
〃							食	✓	387				169,819	〃
1/21							食	✓	3,452				166,367	B肉店
〃				クレ	✓	5,218	食	✓	5,218				166,367	カード
〃							教文	✓	1,582				164,785	R書店
1/22				他資	✓	4,000	他雑	✓	4,860				163,925	インクJ
〃	資運	✓	25,000	株	✓	200,000	他雑	✓	475	普預	✓	224,525	163,925	G株売
1/25	給	✓	310,820	税等	✓	41,603	普預	✓	269,217				163,925	K銀行
〃							他雑	✓	50,000				113,925	夫小遣
1/27				クレ	✓	4,946	食	✓	4,946				113,925	Eスーパ
〃	資運	✓	145							普預	✓	145	113,925	Y銀行
〃							医衛	✓	713				113,212	マスク
1/28				普預	✓	350,000				定預	✓	350,000	113,212	定期へ
1/29							医衛	✓	3,370				109,842	N医院
1/30	給	✓	71,000				税等	✓	2,100	普預	✓	68,900	109,842	Y銀行
〃				普預	✓	30,000	他雑	✓	30,000				109,842	妻小遣
〃							交通	✓	5,283				104,559	ガソリン
1/31				クレ	✓	5,405	食	✓	5,405				104,559	Eスーパ
〃				普預	✓	375,258				車口	✓	375,258	104,559	K銀行
													104,559	繰越
月計			436,965			1,146,747			266,625			1,330,896		

＊当該月の最終取引後に実線を引く。残高欄のマイナス値はあり得ない。

うに小遣い銭，臍繰りは自由裁量支出であり，これらが各家族員の財布，ある
いは預貯金に存在しようとも，この会計単位から支出された時点で消費された
ものと見なし，各家族員の財布や預貯金の管理は各人の自己責任であるとして
いる点である。

　第2に，25日のK銀行口座からY銀行口座への振替である。この振替は一
万円札を千円札に両替したことと同じであり，簿記上の取引とはならない点で
ある。もちろん，普通預貯金について，各通帳ごとの勘定科目設定であれば，
「K銀行通帳」の財産的収入100,000円，「Y銀行通帳」の財産的支出100,000円
となる。

　第3に，16日の古新聞，古雑誌とトイレットペーパーの物々交換は先にも述
べたように記帳の対象外となる点である。もちろん，これらを現金で売却した
場合は記帳の対象となる。

　第4に，22日の株式の売却益25,000円は取引の段階で財産表に基づいて算出
されている点である。ただ，資産売却の差益差損は決算時に算出することも可
能であるが，この場合，売却額225,000円は財産的収入となる[6]。

　第5に，5日の食料品購入代金7,692円の内，ポイント利用の692円分は値引
きされたものとし，7,000円が消費的支出となる点である。

　第6に，商品券については，これを受け入れた段階で所得的収入，財産的支
出として，つまり資産扱いとし，22日に商品券で支払っている点である。

　第7に，現金収支帳といえども，現金の出し入れが伴わない取引，いわゆる
キャッシュレス取引も擬制取引の手法を取り入れることにより仕訳記帳される
点である。

　なお，この家庭の場合，一ヶ月間における取引回数は31回であるが，このう
ち，現金取引は14回，現金の出入りが伴わないキャッシュレス取引は17回であ
る。この取引はいずれかの時点で預貯金の銀行口座間の振替によって精算され
る。また，「掛買い（付買い）」，あるいは「盆暮れ払い」も購入した時点では
現金の支出はない。この意味において，これらも一種のキャッシュレスである。
この両者の違いを敢えて言えば，一般に，キャッシュレスの精算は銀行口座か
らの支払いであり，掛買いの場合は現金払いでの精算である。

(1) 元帳転記

　消費，所得の詳細，各財産の増減変化を把握するためには，現金収支帳で仕訳された金額を該当する元帳に転記し，これらを集計しなければならない。当然，転記に際する二重転記や転記漏れを防止する必要がある。したがって，転記後には必ず現金収支帳の「✓」欄にチェック印を記入しなければならない。もちろん，各元帳に番号が付されている場合は，この番号を「✓」欄に記入することになる。例えば，「食費」が10番であれば，現金収支帳の「✓」欄にはこの10の数字が記入される。この手続きは複式簿記にける仕訳帳から元帳転記に際する「丁」数欄の相互記入とまったく同じという訳ではないが，同じような意味がある。つまり，一般的な家庭で，かつ一ヶ月集計の場合，現金収支帳は1～2頁位である。敢えて，元帳に現金収支帳の頁数（番号）を記入するほどでもない。次の表6-7，表6-8は転記後の各元帳の例であるが，この簿記は一ヶ月単位の集計を原則としている。このため，月計欄にはその合計額が記入される。

(2) 決算（月次集計）

　決算とは予備的な手順として試算表，棚卸表，精算表等を作成し，各元帳の残高に基づいて当期の経済剰余を求め，財務諸表を作成し，かつ帳簿を締切ることである。しかし，この簿記の決算または月次集計は次のような手順である。
　第1に，現金収支帳の仕訳記帳が正しいか否かを確認する。すなわち，所得的収入，財産的収入，消費的支出，財産的支出の月計を求め，次式が成立しているか否かの検証である。この例の場合，表6-6-1の月計欄の通りであり，等式は成立している。もし，成立していない場合は，日々の現金残高欄，及び月計欄合計の計算過程を点検する必要がある。

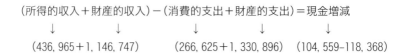

第6章　単複式家庭簿記

表6-7　費得的収支勘定科目別元帳

（1月分）

所得的収入別元帳											
給　　与			資産運用収入			その他			特別所得		
日付	金額	備考	日付	金額	備考	日付	金額	備考	日付	金額	備考
1/25	310,820	夫給与	1/22	25,000	売却益	1/17	30,000	子より			
1/30	71,000	妻給与	1/27	145	利息						
月計	381,820		月計	25,145		月計	30,000		月計	0	

（1月分）

消費的支出別元帳											
食　　費			衣服費			住居費			家財機器費		
日付	金額	備考	日付	金額	備考	日付	金額	備考	日付	金額	備考
1/5	7,000	Eスーパ	1/9	8,287	Eスーパ				1/17	52,800	炊飯器
1/8	3,586	Sコンビ									
1/10	6,074	Eスーパ									
1/16	6,826	A食品	月計	8,287		月計	0		月計	52,800	
1/19	387	Sコンビ	水道光熱費			交通費			運通信費		
1/21	3,452	B店	1/21	7,627	電気代	1/30	5,283	ガソリン	1/12	4,281	電話代
〃	5,218	Eスーパ									
1/27	4,946	〃									
1/31	5,405	〃	月計	7,627		月計	5283		月計	4,281	
			医療・衛生費			教育・文化費			その他雑費		
			1/27	713	マスク	1/21	1,582	R書店	1/1	10,000	お年玉
			1/29	3,370	N医院				1/19	750	Sコンビ
									1/22	4,860	インクJ
			月計	4,083		月計	1,582		〃	475	手数料
			租税公課			特別損失			1/25	50,000	夫小遣
			1/25	41,603					1/31	30,000	妻小遣
			1/30	2,100							
月計	42,894		月計	43,703		月計	0		月計	96,085	

169

表6-8 財産的収支勘定科目別元帳

資産 (1月分)

普通預貯金

日付	財産的収入	財産的支出	備考	日付	財産的収入	財産的支出	備考
1/7	50,000		K銀行	1/27		145	利息
1/12	4,281		電話代	1/28	350,000		定期へ
〃	7,627		電気代	1/30		68,900	Y銀行
1/15	42,851		カード	〃	30,000		Y銀行
1/22		224,525	株売却	1/31	375,258		
1/25		269,217	K銀行	月計	860,017	562,787	

定期預貯金 / 貯蓄性保険

日付	財産的収入	財産的支出	備考	日付	財産的収入	財産的支出	備考
1/28		350,000	普通から				
月計		350,000		月計			

有価証券（株式） / その他資産（商品券）

日付	財産的収入	財産的支出	備考	日付	財産的収入	財産的支出	備考
1/22	200,000			1/22	4,000		
月計	200,000			月計	4,000		

自動車 / 住宅（建物）

日付	財産的収入	財産的支出	備考	日付	財産的収入	財産的支出	備考
月計				月計			

土地

日付	財産的収入	財産的支出	備考
月計			

負債 (1月分)

日付	財産的収入	財産的支出	備考	日付	財産的収入	財産的支出	備考
1/9	8,287		Eスーパ	1/21	5,218		
1/10	6,074		〃	1/27	4,946		
1/15		42,851	先月分	1/31	5,405		
1/17	52,800		家機	月計	82,730	42,851	

自動車ローン

日付	財産的収入	財産的支出	備考
1/31		375,258	完済
月計		375.25	

第6章　単複式家庭簿記

表6-6-1　現金収支帳

（1月分）

日付	収　入					支　出						残高	備考
	勘定	✓	所得的収入	勘定	✓	財産的収入	勘定	✓	消費的支出	勘定	✓	財産的支出	
繰入													118,368	先月より
1/1							他雑	✓	10,000				108,368	お年玉
1/5							食	✓	7,000				101,368	Eスーパ
1/7				普預	✓	50,000							151,368	K銀行
1/31				クレ	✓	5,405	食	✓	5,405				104,559	Eスーパ
〃				普預	✓	375,258				車ロ	✓	375,258	104,559	K銀行
月計		436,965			1,146,747			266,625				1,330,896		

↑正味財産の増　　↑資産の取崩（借金の受入れ）　　↑正味財産の減　　↑資産の形成（借金の返済）

　第2に，現金収支帳から各元帳への転記金額が正確であったか否かを確認する。すなわち，費得系，財産系の各元帳の月計を表6-9，表6-10のように整理し，各合計が現金収支帳の月計欄に等しいか否かを確認することである。

　第3に，上記の確認後，この一ヶ月間の経済剰余を求めることにより，1月分の現金収支帳の記帳はこれで締め切られる。このような手順が毎月繰り返され，1月～12月までの年計は一ヶ年間の結果である。決算とは費得計算表（表6-9），財産的収支表（表6-10）を作成し，経済剰余を求めることである。この場合，1月分の経済剰余は次の通りであるが，これには外部取引のみの記帳に基づく結果であり，評価性の所得，消費は一切含まれない。

　　経済剰余（170,340円）＝所得的収入（436,965）－消費的支出（266,625）
　　　　　　　　　　　　　　または
　　財産的支出（1,330,896）－財産的収入（1,146,747）＋現金増減（－13,809）

　この家庭の場合，経済剰余が＋値，つまり黒字にもかかわらず，表6-11に示される通り，資産は減少している。通常，黒字であれば，資産の増加が連想されるが，必ずしもそうとは限らない。借金の返済も資産形成の一つの形態である。この場合，資産の減少額165,039円，負債の減少額335,379円であり，その差額170,340円が経済剰余となる。

表6-9　月別費得計算表

項目	月	1月	2月	3月		10月	11月	12月	年計
所得的収入	給与	381,820							
	資産運用収入	25,145							
	その他	30,000							
	特別所得	0							
	合　計	436,965							
消費的支出	食費	42,894							
	衣服費	8,287							
	住居費	0							
	家財機器費	52,800							
	水道光熱費	7,627							
	交通費	5,283							
	運送通信費	4,281							
	医療・衛生費	4,083							
	教育・文化費	1,582							
	租税公課	43,703							
	その他雑費	96,085							
	特別消費	0							
	合　計	266,625							

表6-10　月別財産的収支計算表

項目	月	1月		2月			12月	
		財産的収入	財産的支出	財産的収入	財産的支出		財産的収入	財産的支出
資	普通預貯金	860,017	562,787					
	定期預貯金	0	350,000					
	貯蓄性保険	0	0					
	有価証券	200,000	0					
	商品券	4,000	0					
産	自動車	0	0					
	住宅（建物）	0	0					
	土地	0	0					
	計	1,064,017	912,787					
負	Mクレジット	82,730	42,851					
債	自動車残債	0	375,258					
	計	82,730	418,109					
	合　計	1,146,747	1,330,896					

＊月末の手許現金の残高は「現金収支帳」に示され，この表には含まれていない。

第6章　単複式家庭簿記

（3）財産の計算

　この簿記は上記のように現金収支帳に基づいて所得，消費，及び財産の出入りを把握し，経済剰余を求める簿記である。しかし，棚卸資産の扱いについては第4章で述べたが，財産有高と減価償却費の問題が残っている。

① 財 産 有 高

　記帳開始年度においては，月始（期首）の財産有高は実査によって把握せざるを得ない。しかし，月末（期末）の有高については第2章で述べた関連財産計算として決算の結果から誘導できる。すなわち，期末の有高は期首の有高に期中の財産的収入と財産的支出の差額を減算，加算することによって求められる。つまり，月末有高は月始有高と表6-10の「月別財産的収支計算表」から計算できる。

　例えば，預貯金の場合，月始めの有高3,350,152円から財産的収入860,017円を差し引き，これに財産的支出562,787円を加算すれば，月末の残高は3,052,922円となる。表6-11はこのようにして計算された財産表であるが，現金については現金収支帳の繰入額，繰越額である。月末（期末）の有高は翌月の月始（次期の期首）の有高として繰り越される。したがって，翌月または記帳2年目以降，財産の実査は，計算原理上，原則として不必要となる。

② 償 却 資 産

　家庭には長期にわたって使用され，いずれかの時点で廃棄される耐久財が数多く存在する。しかし，第2章で述べた通り，高額性や耐久性の観点から住宅と自動車のみを償却資産とし，これ以外の耐久財は消耗財としての扱いである。このため，住宅と自動車の売買は財産的収入，財産的支出であり，その減価償却費は資産の減少であり，消費的支出となる。ところが，減価償却費は評価による計算上の消費額であり，実際に手許現金や預貯金口座で支払った金額ではない。したがって，減価償却費の現金収支帳への仕訳記帳は不都合である。しかし，擬制的な取引として，現金の残高に影響することなく，減価償却費を資産の減少と同時に消費の発生として財産的収入と消費的支出に仕訳記帳するこ

173

表6-11　財産表

| | | | 期首有高 (1月1日) | 財産変動 | | 期末有高 (1月31日) | |
				財産的収入	財産的支出		
資産	金融	現金	118,368	（減）13809	（増）	104,559	→現金収支帳より
		普通預貯金	3,350,152	860,017	562,787	3,052,922	
		定期預貯金	2,540,724	0	350,000	2,890,724	
		貯蓄性保険	2,487,637	0	0	2,487,637	
		有価証券	990,832	200,000	0	790,832	
		商品券	15,000	4,000	0	11,000	
		小　計	9,502,713	1,077,826	912,787	9,337,674	
	物的	自動車	1,428,125	0	0	1,428,125	
		住宅（建物）	3,501,667	0	0	3,501,667	→表6-10より
		土地	1,245,542	0	0	1,245,542	
		小　計	6,175,334	0	0	6,175,334	
		合　計	15,678,047	1,077,826	912,787	15,513,008	
負債	短期	Mクレジット	93,447	82,730	42,851	133,326	
	長期	自動車ローン	375,258	0	375,258	0	
		合　計	468,705	82,730	418,109	133,326	
現金・財産的収支合計				1,160,556	1,330,896		
正味財産（資産－負債）			15,379,682			15,209,342	

初の記帳の場合は実査による。　両者の差額が経済剰余となる。　次期（翌月）の財産となる。

とは可能である。

　今，自動車と住宅の月間減価償却費がそれぞれ25,521円，26,528円，計52,049円として（注の5）を参照），これを記帳した現金収支帳，転記後の元帳，及び財務諸表は表6-12，表6-13，表6-14の通りである。当然，経済剰余は減価償却費分52,049円だけ少なくなり，減価償却費控除前の170,340円の経済剰余は118,291円となる。

第6章　単複式家庭簿記

表6-12　現金収支帳

（1月分）

日付	収入					支出					残高	備考
	勘定	✓	所得的収入	勘定	✓	財産的収入	勘定	✓	消費的支出	勘定	✓	財産的支出	残高	備考

日付	勘定	✓	所得的収入	勘定	✓	財産的収入	勘定	✓	消費的支出	勘定	✓	財産的支出	残高	備考
繰入													118,368	先月より
1/1							他雑	✓	10,000				108,368	お年玉
1/5							食	✓	3,000				105,368	Eスーパ
1/7				普預	✓	50,000							155,368	K銀行
1/31				クレ	✓	5,405	食		5,405				104,559	Eスーパ
〃				普預	✓	375,258				車口	✓	375,258	104,559	K銀行
月計		436,965				1,146,747			266,625			1,330,89	104,559	翌月へ
1/31				自		25,521	交通		25,521					償却費
〃				建		26,528	住		26,528					償却費
月計		436,965				1,198,796			318,674			1,330,896		

元帳

住居費		
日付	金額	備考
1/31	26,528	償却費
月計	26,528	

交通費		
日付	金額	備考
1/30	5,283	ガソリン
1/31	25,521	償却費
月計	30,804	

自動車			
日付	財産的収入	財産的支出	備考
1/31	25,521		償却費
月計	25,521		

住宅（建物）			
日付	財産的収入	財産的支出	備考
1/31	26,528		償却費
月計	26,528		

表6-13　月別費得計算表

項目		1月	2月	3月	10月	11月	12月	年計
所得的収入	給与	381,820						
	資産運用収入	25,145						
	その他	30,000						
	特別所得	0						
	合　計	436,965						
消費的支出	食費	42,894						
	衣服費	8,287						
	住居費	26,528						
	家財機器費	52,800						
	水道光熱費	7,627						
	交通費	30,804						
	運送通信費	4,281						
	医療・衛生費	4,083						
	教育・文化費	1,582						
	租税公課	43,703						
	その他雑費	96,085						
	特別損失	0						
	合　計	318,674						
経済剰余		118,291						

＊住居費及び交通費に減価償却費を含む。

表6-14　財産表

			月始有高 （1月1日）	財産変動		月末有高 （1月31日）
				財産的収入	財産的支出	
資産	金融	現金	118,368	（減）13,809	（増）	104,559
		普通預貯金	3,350,152	860,017	562,787	3,052,922
		定期預貯金	2,540,724	0	350,000	2,890,724
		貯蓄性保険	2,487,637	0	0	2,487,637
		有価証券	990,832	200,000	0	790,832
		商品券	15,000	4,000	0	11,000
		小　計	9,502,713	1,077,826	912,787	9,337,674
	物的	自動車	1,428,125	25,521	0	1,402,604
		住宅（建物）	3,501,667	26,528	0	3,475,139
		土地	1,245,542	0	0	1,245,542
		小　計	6,175,334	52,049	0	6,123,285
		合　計	15,678,047	1,129,875	912,787	15,460,959
負債	短期	Mクレジット	93,447	82,730	42,851	133,326
	長期	自動車残債	375,258	0	375,258	0
		合　計	468,705	82,730	418,109	133,326
財産的収支合計				1,212,605	1,330,896	
正味財産（資産－負債）				15,209,342	15,327,633	

＊期中の財産純増減額＝1,330,896－1,212,605＝118,292（経済剰余）

以上，単複式家庭簿記の記帳から決算までの手順は上記の通りであるが，この簿記は取引を原則として現金の出入りに基づき，仕訳記帳し，所得，消費の発生のみならず，財産（資産，負債）の出入りをも記録計算する単記複計算の体系である。言い換えれば，取引の現金収支帳への記帳後は半ば機械的な手順によって決算ができる計算体系である。ただ，次のことに留意すべきである。

第一に，財産についての計算は上記のように財産の流量（出入り量）についての計算であり，貯量（財産そのもの）についてはこの簿記の記録計算体系外の手続きとして補う必要がある。

第二に，キャッシュレス決済の場合，あたかも現金決済であったかのように擬制する必要がある。

第三に，自動車と住宅を償却資産とする場合，その減価償却費は資産の取崩し分としての財産的収入，一方，消費の発生としての消費的支出に仕訳記帳する必要がある。

第6章　参考文献・注

1）田中義英「第2章　複式簿記概念の成立」『複式農業簿記』産業図書，1967年，6〜21頁。

世界最古の簿記解説書はFra Lica Paciolo 著，1494年刊『算術，幾何，比及び比例総覧』の巻末「計算および記録要覧」であるとされる。

2）大槻氏考案の「自計式農家経済簿」は生産（経営）と消費（家計）を含む農家を対象とした簿記である。これは原則として現金の受払いを記帳し，フロー（農家所得，農業経営費，家計費）とストック（財産有高）を計算する簿記である。いわゆる，単記複計算の簿記である。

大槻正男『農家簿記』富民社，1958年。

3）共通の会計単位が自由裁量の小遣い銭や臍繰りの使途をも記録計算するとすれば，もはや，これらの自由裁量という性格が薄れる。もちろん，各自が自らの小遣い銭帳を管理することは必要である。

4）例えば，A社の株式を100万円で購入し，これを120万円で売却すれば，この場合の差益は20万円（実収入以外の受取り120万円−実支出以外の支払い100万円）である。しかし，この計算は株式の売買が同一の会計期間内という条件のもとでしか成り立たない。当該株式の購入と売却の時点が異なる会計期間の場合，売却損益の計算は不可能である。これは有高としての株式100万円が，総務省家計調査上の簿記の場合，計算の対象外であるためである。負債の減免・免除益についても同様であ

る。
5）　評価額を減価償却費計算上の未償却額とした場合。

自動車：取得価250万円　残存価 5 万円　耐用年数 8 年　使用年数3.5年

評価額：2,500,000円 − (2,500,000円 − 50,000円)／ 8 年×3.5年 = 1,428,125円

価値の減少分（定額法による減価償却費の累計額）

年間減価償却費 = 306,250円　月間減価償却費 = 25,521円

住　宅：取得価1,580万円耐用年数48年　築37年（木造二階建，建築面積116㎡）

評価額：15,280,000円 − (15,280,000円／48年×37年) = 3,501,667円

価値の減少分（定額法による減価償却費の累計額）

年間減価償却費 = 318,333円　月間減価償却費 = 26,528円

6）　取引時点で売却額225,000円を財産的収入として計上した場合，売却損益の部分は費得計算上の剰余額と財産のフロー計算上の剰余額との間に食い違いが生じる。

第 6 章　単複式家庭簿記

補論 9　冊子体裁の単複式家庭簿記

　表式冊子体裁の家計簿の場合，一頁の面積上，勘定科目の設定数に技術的な
制限が生じることがある。市販家計簿の場合，費得計算が中心であり，財産計
算は省略されている。このため，無制限という訳ではないが，費得系の勘定科
目の設定数が問題となることはない。また，単複式簿記における「現金収支
帳」の場合も表6-6-1のように勘定科目名を所定の欄に記載するため，勘定
科目の設定数は特に問題とはならない。ところが，表式冊子体裁の「現金収支
帳」の場合，勘定科目名をあらかじめ所定欄に印刷または記載する必要がある。
したがって，片開き一頁（または見開き二頁）の最上欄または左端欄に記載で
きる勘定科目数は自ずと制限される。A5判の縦置きの場合，「計」「小計」「合
計」などの欄を含めて40行程度の使用は可能である。つまり，30から35程度の
勘定科目数の設定であれば，それは可能である。表補9-1は所得系勘定4科
目，消費系勘定6科目，財産系勘定10科目の設定例である。当然，このような
「現金収支帳」様式の場合，元帳も兼ねるため，元帳への転記という手順は不
必要となり，より簡易的な簿記となる。費得計算表，財産表の作成は表6-13，
表6-14の場合と同様である。

179

表補 9 - 1　　現金収支表

（　　）月分

項目		日	1	2	3			29	30	31	合計
前日からの繰入											
収入	所得的収入	給与									
		利子・配当									
		その他									
		特別所得									
		計									
	財産的収入	資産	普通預貯金								
			定期預貯金								
			積立預貯金								
			株式								
			信託								
			その他資産								
			計								
		負債	短期借入金								
			長期借入金								
			クレジット								
			その他負債								
			計								
		小　計									
支出	消費的支出	食費									
		衣服費									
		住居費									
		健康・文化費									
		その他消費									
		特別損失									
		計									
	財産的支出	資産	普通預貯金								
			定期預貯金								
			積立預貯金								
			株式								
			信託								
			その他資産								
			計								
		負債	短期借入金								
			長期借入金								
			クレジット								
			その他負債								
			計								
		小　計									
翌日への繰越（残金）											

索　引

ア行

赤字　148
飽きる　117
暗号通貨　6
安全欲求　98
意思決定　90
衣生活　99
一元的経済管理　34, 147
一航海一事業　38
一時的社会保障給付金　78
一過性の単独財産計算　62
移転所得　73, 77
受取利子　77
永久財　55
延滞料　127
親子同居期　151

カ行

買掛金　59
絵画骨董　55
会計　3
会計期間　38, 39, 81, 147
会計公準　33
会計実体　33
会計尺度　39
会計情報　25
会計単位　33, 147
会計帳簿　152
外国通貨　6
外部報告　22
価格水準　54
核家族　24, 39
核家族化　27
家計　8, 13
家計調査　23, 104, 139
家計費　119
家計簿　4, 5, 14, 132, 154

家計簿記　4, 5
掛買い　167
家事会計論　18
家事作業　94
家事費　120
家事費用　120
可処分収入　137
家事労働　94
家政会計　18
仮想通貨　6
家族　46
家族周期　103
片働き家庭　24
片働き世帯　29
家長家族制　24
割賦払い　59
家庭　9
家庭会計　18
家庭会計の前提　32
家庭会計の任務　24
家庭経済　9
家庭内所得　75
家庭の存続　24
家庭の非存続　24
家督相続制度　38
カード証票　106
株式　57
貨幣会計　26
貨幣価値不変　40
貨幣価値不変の公準　56
貨幣交換価値　40
貨幣尺度　40
貨幣所得　72
貨幣測定　148
貨幣量　97
環境家計簿　26
勘定科目　150
管理会計　26

181

関連財産計算　63, 157

機会費用　75

期間計算　50, 147

期間対応　131

期間配分　110, 112

企業　13

貴金属　55

基数　96

犠牲　91

擬制取引　134, 159, 163

犠牲方式　106

帰属家賃　121

客観的所得　85

キャッシュレス時代　105

共有財産制　69

金額分担方式　36, 38

金融資産　53

勤労婦人福祉法　28

クーポン券　76

クレジットカード　105

クレジットカード払い　107

クレジット払い　59

黒字　148

経済剰余　22, 148, 160

経済的事象　22

経済的消費欲求　92

経済的な余裕　22

経済的包括性　37

計上時点　80

経常収入　77

継続性　38

契約期間　81

ケインズ恒等式　14

決算　168

決算手続き　23

限界効用　97

減価償却費　54, 110, 112, 173

現金　6

現金決済　127

現金収支家計簿　132, 133

現金収支計算　129, 130

現金収支帳　154, 157, 160, 164

現金収支表　157, 180

現金出納帳　128

現金等価交換　33

現金払い　105, 109

現物所得　72

減免・免除益　79

貢献　92

公的生活支援金　77

購買活動　94

効用　96

小切手　127

国民所得　73

個計（化）　9, 21, 27

個計的経済管理　34, 35, 37

5大項目　104

小遣い銭　147

固定　58

固定資産　52

固定的支出　137

サ行

財産　19, 51

財産有高　173

財産系勘定　151

財産計算　25, 51, 62

財産収支　64

財産台帳　153

財産の支出　156

財産的収支表　155

財産的収入　155

財産の減失　61

財産表　25, 157

財産法　149

最終消費　92

歳出　7, 8

再調達原価　58

歳入　7, 8

債務　134

財務状況　22

財務諸表　146

債務超過　52

先取り消費　58, 107
三種の神器　54, 100
時価　56
自給的所得　75
事後計算　23
自己実現　117, 118
自己実現欲求　98
資産　19, 51, 52
資産売却益　79
資産評価　56
資産評価益　79
支出　7, 8
事前計算　23
自然災害損　102
自然人　34
実支出　26, 120, 141, 156
実支出以外の支払い（支出）　26, 156
実質的所得　74
実収入　26, 141, 156
実態生活費　120
時点　2
時点計算　50, 147
自動振替払い　108
自発的会計行為　21
自発的損　102
支払利子　100
資本　60
資本還元価　56
資本剰余　148
資本的結合体　24
資本的統一　20
社会的所得　75
社会的欲求　98, 116
借入金　51
収益　7, 8
集計単位　41
収支家計簿　135, 136, 139
収支計算　25, 26, 127
住生活　99
10大項目　104
住宅ローン　59
拾得金　79

習得的欲求　116
収入　7, 8
実収入以外の受取り（収入）　26, 156
主観的所得　85
主権　60
受贈　61, 78
取得価　56
純財産　61
純財産増加　73
純財産増加説　74
純生産　20, 60, 61
生涯収支計算　39
償却資産　55, 173
常住世帯員　123
承認欲求　98
消費　7, 8, 20, 91, 95
消費化　110
消費額　97, 109
消費活動　93
消費経済会計　33
消費支出　120
消費者余剰　76
消費の支出　156
消費の区分　98
消費の平均化　112
常備薬　110
消費量　96
商品限定型　106
正味財産　60, 61
正味財産の減少　93
消耗財　53
剰余　148
食生活　99
植物　55
所得　7, 8, 20
所得期間　148
所得の収入　155
序列（序数）　96
仕訳帳　153
親権者　69
親族間の扶け合い　35
人的資源　52

183

人的な結合組織体　20, 24
神仏具　55
心理的事象　22
心理的所得　85
水道光熱　101
生活経済　9
生活費　119
生活分野別（消費）　98, 102
正規の簿記手続き　143
生計費　119
制限的所得　73
生産的消費　92
生産の三要素　20
生産要素所得　73
制度会計　21
生得的欲求　116
生物的欲求　116
性別役割　27
生理的欲求　98
石造物　55
世帯　9, 46
総効用　97
創出　91
装飾品　55
相続　61
装身品　55
贈与　61
即時決済　105
租税公課　100, 121
損益計算　25
損益法　149

タ行

耐久財　54, 111
代金決済方法　105
貸借対照表　25
退職金　78
耐用年数　112
建物　58
棚卸資産　109
店と奥　33

単記　149
短期負債　59
単計算　150
単式簿記　3
男女共同参画　37
男女共同参画社会基本法　28
男女雇用機会均等法　28
タンス貯金　135
単独財産計算　62, 157
単複式家庭簿記　146, 154
地代　77
知的財産　52
中間消費　92
中古市場　54
長期負債　59
貯金　6
貯量（ストック）　19
賃金　77
通貨代用証券　6, 127
通常消費　98
通常消費の計上　104
通常所得　77, 80
定期性の単独財産計算　62
デビットカード　105
デビットカード払い　105
電子記憶媒体カード　106
電子マネー　106
店舗限定型　106
統括勘定科目　153
当期純増減額　63
動機づけ　116
当座性預貯金　127
当選金　79
動物　55
特別収入　77
特別消費　101
特別所得　77, 78, 80
特有・共有財産　34
特有財産　68
土地　57
共働き家庭　24
共働き世帯　30

取引　2, 149
取引の等価交換　142

ナ行

内部報告　22
二世代世帯　31
日用雑貨品　54
農家家計費　122

ハ行

売却・保険損　102
配当金　77
パック旅行　108
非貨幣会計　26
非貨幣的所得　74
非市場生産　75
非自発的損　102
非常食　110
非消費支出　104
非生産的消費　92
被相続　61
費得系勘定　152
費得計算　25, 26, 131
費得計算書　155
費得法　149
費目別分担　37, 38
費用　7, 8
評価　56, 59
評価損　102
表式帳簿　132
標準生活費　120, 121, 122
夫婦財産制　34, 35, 68
夫婦同居後期　151
夫婦別産制　69
不均衡な状態　116
複記　149
複計算　150
複式簿記　3, 150
負債　19, 51, 58
不注意的損　101

物的資産　53
物量計算　26
プリペイドカード　105
プリペイドカード払い　106
文化生活　100
分割払い　108
分配金　77
分配国民所得　73
変動的支出　137
変動的支出予算家計簿　138
ポイントサービス　76, 78, 81
包括的所得　74
報告　4
飽食時代　119
宝石　55
法定財産制　35
法定通貨　6, 127
報徳思想　14
飽和消費生活　119
簿価　41
簿記　3
保険差益　79
補助簿　153
盆暮れ払い　59

マ行

前払い　107
マーケット・バスケット方式　120
満足　22
未払金　59
儲け　149
元帳　153, 160
元帳転記　168

ヤ行

約束手形　127
家賃　77
有形財　53, 54
優待割引券　76
郵便為替　127

185

要素所得　77
預金　6
予算家計簿　23, 135, 136
預貯金　6, 127
預貯金決済　127
預貯金出納帳　129
預貯金方式　106
欲求　116
欲求5段階説　98
欲求充足　20, 116
予約払い　107
余裕　148

ラ行
利益　149
利益剰余　148

利益剰余金　22
リボルビング払い　59
流動　58
流動資産　52
流動的支出　137
流量（フロー）　19
両替方式　106
理論生活費　120
臨時費　122
類似価　56
労働再生産費　120

ワ行
我が家の掟　34
割引券　76

著者紹介

常秋美作（つねあき・みさく）

1947年　福井県生まれ
1970年　静岡大学卒業
1976年　京都大学大学院博士課程 満期退学　農学博士
現　在　山梨大学名誉教授

［著　書］

『農業経営改善ハンドブック』（共著）全国農業改良普及協会，1983年
『食糧経済の基本問題』（共著）農林統計協会，1984年
『農家経営と会計』農林統計協会，1992年
『組織の時代──地域社会の変貌と組織間交流』（共著）農林統計協会，1994年　ほか

家庭会計論

2024年10月30日　初　版第1刷発行　　　　〈検印省略〉

定価はカバーに
表示しています

著　　者　常　秋　美　作
発　行　者　杉　田　啓　三
印　刷　者　中　村　勝　弘

発行所　株式会社 ミネルヴァ書房

607-8494 京都市山科区日ノ岡堤谷町1
電話代表　(075)581-5191
振替口座　01020-0-8076

© 常秋美作, 2024　　　　　中村印刷・新生製本

ISBN978-4-623-09777-7

Printed in Japan

ネットいじめの現在（いま）——子どもたちの磁場でなにが起きているのか

—— 原 清治 編著　四六判　256頁　本体2200円

●ネットいじめに関する大規模調査の報告と分析から見る，SNS時代の子どもたちの実態。学校という「磁場」が及ぼす影響に注目し，リアルと地続きになったネット上のつながりを読み解きながら，いかに子どもたちを守るかを考える。いじめといじりに関する土井隆義の講演や，いじめ研究の草分けの一人である松浦善満へのインタビューも収録。

映画で学ぶ英語を楽しむ English Delight of Movie English and TOEIC

—— 高瀬文広 編，ケイト・パーキンソン 英文校閲　B5判　104頁　本体1800円

●「塔の上のラプンツェル」「ヒューゴの不思議な発明」「アメイジング・スパイダーマン」「英国王のスピーチ」「ゼロ・グラビティ」……，映画を通して英語を学ぼう。言語習得だけでなく，異文化や諸問題の歴史的・政治的背景を理解し，様々なコンテキストのなかでコミュニケーションができるようになる。TOEIC対策にも最適。

猫と東大。——猫を愛し，猫に学ぶ

—— 東京大学広報室 編　A5判　168頁　本体2200円

●猫も杓子も東大も。大学は大学らしく猫の世界を掘り下げます。
世はまぎれもない猫ブーム。一方で，ハチ公との結びつきが深い東大ですが，学内を見回してみると，実は猫との縁もたくさんあります。そこで，猫に関する研究・教育，猫を愛する構成員，猫にまつわる学内の美術品まで取り揃えて紹介します。

―――――――――― ミネルヴァ書房 ――――――――――

https://www.minervashobo.co.jp/